麻薬の戦略地政学

麻薬と紛争

Géopolitique et Géostratégies des Drogues

Alain LABROUSSE & Michel KOUTOUZIS

著▶アラン ラブルース
ミッシェル クトゥジス
訳▶浦野起央
翻訳協力▶小野あつ子

三和書籍

もくじ

序論　地政学から戦略地政学へ

　麻薬地政学に固有の領域はあるのだろうか？あるいは、麻薬の生産や取引に関する事象は、より広い意味での地政学的問題点を構成する要素の一つにすぎないのだろうか？そもそも紛争と麻薬の関係は、人間による「意識状態を変える物質」の使用と同じくらい古くから存在していた。例えば、［ギリシアの叙事詩］「イリアス」の中で、モルフェウスは、戦士たちにケシの茎と莢で触れながら心地よい眠りを授けていた。また、紀元前四世紀にインド大陸北西部の人々にアヘンを知らしめたのは、アレクサンダー大王である。インカ人（一三～一四世紀）は、臣下に対する報酬としてコカの木栽培の特権を与えていた。スペイン人は、解放主義者の反乱に対処するため、コカの葉の取引に特別税を課した。「テロリスト」という言葉はフランス革命の時に現れたものだが、ある麻薬は、それより七世紀も前に、「テロリスト」に先立つ表現と結びついていた。一一世紀から一三世紀にかけ、現在のイラン、イラク、シリアにまたがり組織された狂信的イスラム原理主義者の暗殺団は西欧からの十字軍やバグダッド政権と戦っていたが、実際、彼らはアサッシン派「ハシシュ常習者」

と呼ばれていた。何故なら、真偽の程はわからないが、人々は彼らが常用していたハシシュのせいで、罪を犯したと批難していたからである。

神話や歴史に見られるこれらの例から、麻薬と紛争との関係の存在が明らかにされる。これらの関係には、二種類ある。一つは精神生理学的なもので、麻薬が戦士の精神に作用し、戦闘意欲をかきたてたり、危険をかえりみなくさせ、さらに、戦闘後の傷の痛みや、特に接近戦での対決から生じる極度の緊張感を緩和させる効果をねらっていた。その点では、近代の大きな紛争が、麻薬中毒の増加に決定的な役割を果たしてきたといえる。南北戦争後における兵士の病気（モルヒネ中毒）、第一次世界大戦後のコカイン中毒、一九四五年以後の日本におけるアンフェタミンの濫用、そしてアメリカでのベトナム帰還兵のヘロイン中毒などがあげられる。麻薬と紛争の第二の関係は経済学的なものである。かつては、ある種の植物ないし、その製品が、稀なものであったり、特権階級に独占されていたために価値があるとされた。今日では、それらが禁止されているがゆえに価値を持っているのである。一九世紀のアヘン戦争は麻薬が争点となった、最初の大きな経済学的かつ地政学的な対決であった。

二〇世紀後半にいたり、特に地域紛争において、戦闘員の麻薬使用は非常に広がったままであったが、この戦争と麻薬の関係が本質的に経済学的レベルに位置することはすぐに分かる。しかしながら、いくつかの紛争において、麻薬が付随的ないし決定的に資金源となっているという事実は、麻薬が地政学的事象の構成要素の一つであって、「麻薬地政学」が地政学から、独立した存在ではないことを意味している。

麻薬地政学もしくは長期の支配者

イブ・ラコストの『地政学事典』における地政学の定義――「領土とそこに存在する人間をめぐる権力の敵対関係」、あるいはフランスの地政学者パスカル・ロロの『地政学史』における定義――「領土の占有に焦点をあてた紛争およびそのための攻撃ないし防衛戦略のことで、物理的、人的な意味での地理環境の影響を受け、紛争の中心人物たちによる政治的論拠があり、歴史的に長びいて解決が難しいという傾向がみられる。」に照らしてみても、麻薬が、「戦争の資金源」としての役割にとどまるものでないことがわかる。それは、麻薬として使用されたり、麻薬の原料となる植物が「領土」に生育し、それ故に武装集団がその土地を欲しがり、それが紛争の焦点になることのためである。ボリビアのユンガスにおけるコカ葉の生産は、スペイン軍装備の費用にあてられる以前、一八世紀末、スペイン軍と、ラパスを包囲したインディオ反乱軍の激しい対立の引き金となった。現代では、ペルーのワジャガのアマゾン川流域で展開されている紛争のように、いくつかの紛争には目的があった。すなわちセンデロ・ルミノソ［ペルーの左派ゲリラ］側としては、革命の遂行のために、富を生み出す土地の管理のみならず、まずは川沿いの一帯を「解放」地域とし、次いで国土全体を支配下に入れるための基地としようとした。一方、ペルー軍は、このような反体制活動を制圧し、国土を統治するために戦って来たが、ついには麻薬利益の独占のために戦うところとなった。同じくビルマ（ミャンマー）では、軍事独裁政権（国家法秩序回復評議会ＳＬＯＲＣ）が、いくつかの土地を征服しようとしていた。それらは、少数民族の隠れ場で彼らの抵抗運動の資金源となる貴重な宝石と森林、そして麻薬資源に富んでいる。独裁政権としては、それらをそっくりそのまま「ビルマ化」したいわけである。これらの権力闘争が、麻薬の加工所にも関係してくることはいうまでもない。多くの場合、それらの加工所は、栽培地に隣接しているからである。経済が地球規模化した世界では、違法なカネの流れや銀行の守秘義務に守られたマネーロンダリングなども、麻薬の経済地政学の領域に入る。

麻薬地政学は長い歴史の中に含まれている。地中海のような地域、［中国新彊の］カシュガルのような通過地点、トルコのような国などは、すべての地図上に見いだすことができ、あらゆる歴史的記述においても言及されており、麻薬に関する最古の史料にも記載されている。しかし、麻薬は強力な効能を持つ産物である。したがって、新しい問題が次々に現れてくる一方で、忘れられていた他の問題が、現状に応じて再び顔を出してくる。実際、麻薬は、驚くほど簡単にわれわれの世界の変化に追いつき、どんな新しい空間にも上手く流れ込めるよう、姿を変えてくる。地理的には、今日のロシアの場合のように、また文化的には、西欧の若者たちのレイヴ・パーティー［麻薬を飲んでテクノ音楽を聴くパーティー］の流行にみられるように、麻薬は、他のいかなる産物よりも、すばやく時代の気質の中に入り込んでしまう。まさに、麻薬は、自ら戦略地政学的ダイナミズムを備えているといえるだろう。

麻薬戦略地政学と世界の混乱

戦略とは、軍（ギリシア語のστρατοσ）を操る（αγειυ）技術である。戦略地政学とは、敵を識別した後に、支配者からその土地（γη）ないし人民を奪う方法であって、空間的地形と地政学を常に認識していなければならない。しかし、国家の戦略地政学のような古典的な戦略地政学は、領土（海峡、通路、地理的もしくは民族的空間）に向けられるのに対し、麻薬の戦略地政学は、とりわけ、混乱と隙間を利用する技術といえるのである。実際、麻薬にとっての空間とは、地理的にせよ、経済的にせよ、政治的にせよ、細分化され、争われ、流動的であるべきで、決して固定化されてはならない。麻薬の戦略地政学の研究は、世界的な混乱の研究とつながっている。こうして、コーカサス、中央アジア、バルカン、そして西アフリカにおける紛争を長びかせることが、麻薬のボスたちによる戦略地政学の一部となっている。そこでは、政治の不安定こそ彼らの一貫した目標なのである。

しかし彼らは、それればかりか、古典的なやり方での戦略地政学を用いないわけではない。例えば、彼らが麻薬ルート、特に水路、橋、あるいは砂漠地帯の掌握を狙ったとしても、その目的とするところは、中央アジア（タジキスタンからキルギスにかけてのホログ・オチ）やイランの（バルチスタンからクルディスタンに至る）ルートの事例にみるように、必ずしもそれらの道が通っている土地全体にあるのではない。海路や空路についても同様である。例えば、ベトナム戦争中、軍に護られたCIAが内密にアヘンを運んだルート、あるいは一九八〇年代の中米における［ニカラグアの］反サンディーノ作戦の際のコカイン輸送ルートなどがそれである。

要するに、麻薬は、国家間の戦略地政学の本質的な要素たり得るのである。一九八九年一二月、アメリカは麻薬密売人の摘発を口実にパナマに侵攻したが、それは、明らかに運河地帯におけるアメリカの利権保護のためであった。最近では、分離を求めるチェチェン共和国を従わせんがために、ロシアがチェチェンに介入したが、それは、現地のマフィアの動きを押さえるという口実で行なわれた。麻薬マフィアの戦略地政学と国家（もしくは国家の特定機関）のそれは、しばしば一致するのである。このような場合、人々は諦めとか運命論で紛争を長びかせておくのではなく、常に自発的かつ積極的に紛争の処理にあたっている。（パキスタンの情報機関にとっての）アフガニスタン、（ロシア人にとっての）アブハジア、あるいは（奇妙にも、イスラエル、イラン、そしてシリアが立場を同じくしている）レバノンの場合がそれである。

第1章　麻薬地政学の起源

1　事実の検証

(1) 麻薬の二面性

「向精神薬」（ψυχή——魂、精神——及びτροπος——移動、変化——）の使用は、万国共通である。いずれの文化や歴史のどの時期においても、人間は、「魔法の植物」を、食糧としてではなく、気分に作用し、夢を発奮させ、休息や興奮を求め、周囲の世界から気を紛らせ、あるいは逆にそれに立ち向かって行く勇気を得るべく使用してきた。したがって、社会は、人間が麻薬とそのミステリアスな効果に対して感じる、多くは観念的な問題としての魅惑を、十二分に承知していた。それ故に、取引上の秘密、独占、および禁止が、常にその商業化を規制してきた。[古代エジプトの王］ファラオから現代の医学に至るまで、政治権力、宗教と宗教典令、科学ないし魔術、法的又は社会的禁止が、その生産と使用に影響を及ぼしてきた。しかし、麻薬はまた、職業上の秘密とか神通力が万全でないとき、駆け引きの道具、開戦の名目、万能薬、制裁の手段などとして、集団や国家ないし帝国によって用いられた。紀元前一〇〇〇年には、ギリシャやキプロスの船乗りが、ケシの種をファラオに売りつけて、それによって自らの海上での支配的地位を得ようとしたし、一方で、ファラオの役人たちは、ファラオの麻薬の使用という秘密をやっかみながらも守ってきた。

(2)　コカ戦争

二世紀以上にわたって、ラプラタ川流域副王領にあるポトシの炭鉱労働者向けのコカの葉が生産されたのは、ペルー副王領にあったクスコ地方のキジャバンバであった。コカ葉のおかげで労働に従事したインディオに苛酷な条件を耐えさせることができ、彼らは、スペイン王のために、銀の鉱石を採掘できたのである。

一八世紀末に、ラプラタ川流域副王領をペルー副王領から切り離した行政改革で、ポトシとクスコの距離は拡がった。この新たな状況が、同じくコカ葉を生産するアンデス東斜面の渓谷（現在のボリビア）のユンガスに幸いした。

しかし、この明るい前途も、ボリビアでは、フリアン・アパーサ、通称トゥパック・カタリ、そしてペルーでは、ガブリエル・コンドルカーキ、通称トゥパック・アマルが率いたインディオの大反乱（一七七九～一七八一）によって、程なく覆された。一七八一年一一月から六カ月続いた反乱分子によるラパス包囲の際に、コカは、トゥパック・カタリのインディオ義勇兵にとり決定的な役割を果たした。すなわち、彼らは、葉を補給されないと戦闘に行くのを拒むまでになっていた。コカは同時に、籠城軍が窮乏に耐えるのも可能にした。歴史家アナ・マリア・レマによると、トゥパック・カタリは、中尉の一人に、ユンガスの大農場の特産品を手に入れ、さらに出回っているコカも奪ってしまうよう命じた。そのうえ押収したコカのおかげで、彼らは、他の出費に充てる資金も手に入れることができた。一部の研究者がコカ葉こそインディオの抵抗の支えと考えるほど、反乱分子は、そのようにして、スペイン人から財源の一部を奪っていったのである。スペイン人が、ユンガスの支配権を取り返すと、地主たちは兵士が葉の収穫にあたるという条件で、体制派の軍隊に作戦続行の資金源として次の収穫を譲るという提案をした。この提案は実現しなかったが、これこそ紛争におけるコカの役割を明らかにしている。

一八〇九年に始まった独立戦争の間も、コカによってもたらされた財源が、同じく重要な役割を果たすことになる。一連の勝利の後、王党派の軍隊は、装備のための財源として「特別愛国拠出金」を設立し、コカの収益が当てられたが、前出のアナ・マリア・レマによれば、それが「主要目的の一つ」であった。一八二五年まで、コカへの課税は、その売上総額の三〇パーセントに達した。

（3）第一次アヘン戦争

一八〇〇年、大清皇帝は、麻薬の影響から人民を守るため、広東へのアヘン流入を禁じた。ただちに、イギリスの代理商社が、福州、珠江（広東、マカオ、香港）、及び北京に近い天津湾のすべての海岸で、密輸入販売を企画し、買収された軍人や税関吏、裏社会、中国人の海賊が、この不法取引に加わった。アヘンを積んだ快速帆船が一五〇〇キロ以上に及ぶ沿岸地帯の交通手段を占めた。宮廷でこのことが審議され、麻薬を禁止すべきか合法化すべきかが問われた。禁止は密輸入と贈収賄の拡大を招くことになる。一方、合法化は、たとえ国家が管理しても消費の大幅拡大という危険をもたらしはしないか。そこでは、別の大きなジレンマも生じた。それは、巨大なイギリス帝国と対決できるのか、ということである。これが現実の問題となった。一八三九年春、広東でイギリス船が陸揚げしようとしていた二万二九一箱（一四〇〇〇トン）を中国の役人が押収した。みせしめのため、桶の中に溶かされたアヘンが海に流された。イギリス艦隊は中国沿岸を砲撃し、大清帝国艦隊の小型帆船を追い散らした。イギリスは南京条約（一八四二年）で、中国に対し、船荷を押収された密輸入船主へ多額の賠償金を支払わせ、さらに五つの国際貿易港を開港するように強制した。さらに、イギリスは香港での貿易特権を得た。それ以後の一〇年間、中国へのアヘン輸入量は二倍となった。

(4) 第二次アヘン戦争

第二次アヘン戦争、別名「アロー号戦争」(一八五六～一八五八年)は、フランス人がイギリス人と同盟することで、中華帝国の最後の抵抗を砕くのが狙いであった。それは太平天国の乱を口実に行なわれた。「外国の毒」を強制的に買わされることが引き起こした拒絶感は、外国人嫌いをいよいよ増幅させていたからである。結局、一八五八年の天津条約で、中国はアヘン輸入を合法化し、新たに中国の一一の港が西洋貿易に開放された。市場が価格を決定する「自由」港取引きによって、中国国家の介入能力はすっかり損なわれた。経済・技術・金融力は、以後、西洋人の手に落ちるところとなった。さらに、一九世紀半ばには、ビクトリア女王の「王冠の宝石」であるアヘン貿易が、国際経済の重要な一要素にまでなった。このイギリスの事例は、植民地展開の多大な出費を埋め合わせるという財政的理由よりもむしろ商業的な理由から、他のヨーロッパ諸国の追随するところとなった。フランスのアヘン・インドシナ公社の場合がそれである。植民地化以前のインドシナ諸王国から独占権を受け継いだフランス公社は、国家直営公社へ移行する以前は、独占権を借りて機能していた。ヨーロッパ諸国によるアヘン独占のほとんどは、今世紀初頭以来着手されてきたアヘン禁止の国際政策からではなく、脱植民地化によってようやく終わることになる。

天津条約により、皇帝は、イギリス人から輸入アヘンに対する比較的高い関税を取り立てることに成功した。そのことが、中国の国内生産を助長した。実際、もしもアヘンの生産、貿易、および消費が、政府により公的には禁止されていたとしても、当局が麻薬税を徴収していた省のレベルでは、事実上それが合法化されていたであろう。こうして、ケシの栽培は急速に広まり、中国のアヘン生産は一八八〇年ごろには、輸入トン数を上回った。その生産は一八九六年には一万二〇〇〇トン、さらに一九〇五年には二万二〇〇〇トンに達した。中国におけるアヘン生産の拡大は、イギリスからの輸入減を引き起こした。一八八四年のその額は六〇〇〇トンであり、その後、数年間はおよそ三〇〇〇トン前後で推移した。しかし、そのための弊害も生じた。一八七〇年から一九〇〇年にかけ、中国人口の五パーセントから二〇パーセントがアヘン常用者になった、と推定されている。それが、「歴史上最大規模の集団中毒」として問題となった。

2　麻薬地政学の先駆者

(1)　ヘロイン政策からアヘン大作戦へ

麻薬の地政学の基礎を築くに至った二冊の書物がほぼ同時に世に現れたのは一九七二年のことである。そこでは、この学問に関する明確な言及がなされているわけではないが、一つは、アメリカ人歴史家アルフレッド・マッコイの『東南アジアのヘロイン政策』で、一九八〇年にフランス語で出版された［邦訳は、堀たお子訳『ヘロイン——東南アジアの麻薬政治学』上・下、サイマル出版会、一九七四年］。その数カ月後、エコノミスト、ミッシェル・ギュテルマンというペンネームで知られるジャーナリストのカトリーヌ・ラムールとミッシェル・ランベルティの著作『アヘン大作戦』が世に出た。

『東南アジアのヘロイン政策』は全六〇〇頁からなり、一九世紀末におけるヘロインの政治的利用からインドシナとベトナム戦争を通じてのその役割に至るまでの歴史を分析している。最初の二章では、アメリカ政府が第二次世界大戦の際、マフィアを「民主主義の戦士」にした事例が述べられている。そこで、著者らは、戦後フランスにおいて、社会党のゲリーニ派とCIA［アメリカの中央情報局］との間に結ばれた関係を研究している。第三章と第四章は、植民地権力のために［その維持のための財政手段として］アヘン公社が演じた経済的役割、および［共産党支配に落ち入った］中国を奪回しようとしていた蒋介石軍に対する支援の一環として、ビルマでのフランス軍情報機関とCIAの下にあったアヘン取引の重要性がとりあげられている。続く三つの章では、CIA、ベトナムとラオスの将軍たち、アメリカの同盟国とヘロイン密売との関係について検証されている。豊富な資料とアメリカ軍人のインタビューによって裏付けられたアルフレッド・マッコイの分析は、アメリカ情報機関が反共キャンペーンの枠内で同盟国がかかわったアヘンとヘロインの密売を覆い隠し、ときにはこの密売を組織したことを、初めて明らかにしている。しかし、最初の犠牲者は、ベトナムに赴いたアメリカ人兵士であった。アメリカへ帰還した彼らが、国を揺るがす薬物中毒の最初の流行源になったからである。最後の章では、アジアのヘロインを世界中の市場へ浸透させるという「政策」の結果について検討されている。

カトリーヌ・ラムールとミッシェル・ランベルティの著作も、同じく麻薬の生産と密売の戦略的問題点について考察しており、アルフレッド・マッコイの著書を補足して余りある。ラオスとベトナムでのＣＩＡの役割は、メオ族指導者とＣＩＡ所属のアメリカ人官吏のインタビューにより立証されている。『アヘン大作戦』の斬新さは、トルコ、特に黄金の三日月諸国といわれるイラン、アフガニスタン、およびパキスタンが果たした役割にページがさかれていることである。後者の二カ国については、著者らは次のような予言的見方で弁じている。「アフガニスタンとパキスタン北部は、一九七二年にトルコでケシの栽培が禁止されるまではアヘンの貯蔵庫であって、トルコでアヘンを調達していたヨーロッパの密売人にもほとんど踏み込まれていなかった。……これが特に『パシュトゥニスタン』と呼ばれる国境地帯の実態であり、そこは、パキスタン側では憲法により治外法権を保証され、アフガニスタン側では事実上、自治権を与えられていた」（第11章一九四頁）。この本はまた、国際密売ルートの研究、および農村地帯における代替開発の問題を提示してくれている。

麻薬地政学の先駆となったこれら二つの著作に加えて、さらに関連領域に関する二つの本をあげることができる。アラン・ジョベールの『麻薬のＤ《ディー》』は、特に一九六〇年代と一九七〇年代初めにおけるマルセイユの「フレンチコネクション［フランス密輸組織］」の構成員と、後に出世する数人の政治家たちとの関係を検証している。ジョナサン・ウィットニーの『愛国者の犯罪』は、ある意味でアルフレッド・マッコイの著作の補足である。実際に、彼は、オーストラリアの灰色銀行ニューガン・ハンドが、

ＣＩＡに協力して、ベトナムの秘密作戦の資金調達のために、巨大なマネーロンダリングのネットワークの中でいかに中心的役割を果たしたかを明らかにしている。

『東南アジアのヘロイン政策』（アルフレッド・マッコイ、一九七一年）

黄金の三角地帯におけるヘロイン密売のその後の進展においてＣＩＡの依頼人たちが演じた役割の重要性は、ＣＩＡ自身によりうかつにも明らかにされた。それは、ＣＩＡ当局が、東南アジアのアヘン密売に関する秘密の報告書を「ニューヨーク・タイムス」に送付した日のことである。……ＣＩＡは、注意を促すべきだと思っていたわけではないが、アヘン精製所の多くは、黄金の三角地帯でのアメリカの軍事作戦と密接に関わっていた武装集団がすべて管理していた地域にあった。マエ・サロンは、中国国民党第五軍の司令部で、一九五〇年以来、ＣＩＡの破壊活動防止・情報工作に常に加担してきた。数年間、この地域に配属されていた元ＣＩＡエージェントによると、ナム・カンのヘロイン工場は、ラオス北西部のＣＩＡに使われていたメオ族傭兵隊長チャオ・ラ司令官の庇護下にあった。バン・フェイ・サイ近くのヘロイン工場の一つは、ラオス王国軍の前総司令官バン・ラティクン将軍に所属していたらしい。ラオス王国軍は、米軍以外では、アメリカ政府からすべての資金を提供されていた唯一の軍隊であった。

『アヘン大作戦』（カトリーヌ・ラムール、ミッシェル・ランベルティ、一九七一年）

麻薬中毒との闘いは、それが国際舞台に及ぶと、すぐに政治的・経済的な側面を持つ。なぜなら、ヘロインには、どんなに意外に思えても、コーヒーや銅、ウラン、石油と同じように、国の利権が明らかにについてまわる。……今日、麻薬産出国と麻薬消費国の間で大変な接戦がとられている。……一九七一年六月以来、アメリカは自ら進んで、アヘンおよびその生産者と密売人に対し、大攻勢をかけるリーダーとなっている。この「アヘン大作戦」は、様々な場所、すなわち大使館、国際機関のロビーや総会、ジャングルの村、安酒場、大都市の超高級ホテルなどで展開されている。状況に応じて、この作戦は、外交・経済・治安・軍事的様相を呈し、あるいは直接に政治対決の形をとる。

(2) ラテンアメリカの登場

一九七〇年代後半から特に一九八〇年代には、麻薬取引においてラテンアメリカ勢力の台頭がみられた。『アヘン大作戦』ではこの現象に先んじて「ラテンアメリカ密輸組織」をとりあげ、一章をまるまるさいている。大陸、特に北の大きな隣国との関係において麻薬が演じる役割を予測した最初のラテンアメリカ研究者は、ベネズエラの犯罪学者ローザ・デル・オルモで、その著書は『麻薬の社会政策』(一九七五年)である。三年後、ブラジル系イギリス人の民族学者アンソニー・ヘンマンが『母なるコカイン』を出版したが、この本の中で初めて、地政学的争点として慣例的に扱われる麻薬についてあらゆる角度から考察された。次いでまったく当然のことながら、自国の麻薬地政学研究で先端をいくのがコロンビア人である。一九七〇年代末、コロンビアのコカイン・ブームがマリファナ・ブームにとって代わったとき、コロンビア人社会学者アルバロ・カマチョは、前資本主義的な農村マフィアからメデリンの商業マフィアへの移行を、鋭い洞察力をもって分析した。次に、歴史家ダリオ・ベタンクールは、コロンビア・マフィアの「五つの温床」の歴史について研究した。それが、おそらく間違って「カルテル」と呼ばれてしまうことになった。一九八〇年代初頭以来、社会学者アルフレッド・モラノは、彼の調査日誌、研究報告、小説、また手紙を通じ、多岐で変化に富む報告を生き生きとした描写で提供し続けた。それらの報告は、コロンビア農村の農民、ゲリラ兵、麻薬密売人、そして軍の間の関係が主題であった。ボゴタ国立大学政治学研究所の社会学者アレハンドロ・レイエスは、牧畜や農業への麻薬投資による土地統治の研究を行ない、国内地政学の面で顕著な業績をあげている。麻薬に関するアンデス大学の研究者ファン・トカトリアンとフランシスコ・トウミは、麻薬密売がコロンビア経済に及ぼす影響とその効果、さらにコロンビアの対米関係について検証した。ラテンアメリカ全体に範囲を広げた後者の視点は、同じくマイアミ大学研究所研究部長ブルース・ビーグリーの大きな関心事でもあった。ペンシルバニア大学の犯罪学者アラン・ブロックと法律学者ジャック・ブルム（英直轄植民地汚職担当の上院調査員）は、カリブにおける麻薬のマネーロンダリングを解明した。他のラテンアメリカ諸国では、ペルーにおけるロジャー・ルムリルの研究があげられなければならない。彼は、ワジャガ渓谷におけるゲリラ組織、センデロ・ルミノソと「ペルー」軍と麻薬密売人の間の勢力関係に関して傑出した専門家である。数多くの民間研究所が、麻薬地政学関係の資料や分析を、定期的に刊行している。例えば、コロンビアでは、法律学者によるアンデス委員会や人民教育研究センター（ＣＩＮＥＰ）、ボリビアでは、コチャバンバ州、チャパレ地方のコカの葉の生産者団体に特別な注意を払っているボリビアの資料情報センター（ＣＥＤＩＢ）などがある。最後に、アフリカの麻薬研究への途を開いたのは、ル・モンド記者エリック・フォトリノである。

(3) アジアへの回帰

ほぼ一五年もの間、アルフレッド・マッコイとカトリーヌ・ラムール、ミッシェル・ランベルティの後継者は現れなかった。なるほど一九八〇年代に舞台の前面に立っていたのは、トルコとイランである。黄金の三角地帯における生産性が規則的に向上するのには、一九八〇年代後半まで待たねばならなかった。ルイとアンドレのブコー兄弟は、きわめて正確な現地調査(『ビルマ――戦争支配者たちの足跡』)を通し、特に「アヘン王」クン・サ陣営で状況が進展していることを、最初に報告した。この問題の地政学的見地は、バンコクで勤務したスウェーデン人ジャーナリスト、ベルティル・リントネルによってさらに深く検討された。すなわち、香港の雑誌「ファーイースタン・エコノミック・レビュー」のためのジャーナリスティックな調査や数冊のルポルタージュもの(『翡翠の土地』)、さらに大学の研究論文(「反乱下のビルマ」)、とりわけビルマ共産党についての報告(『ビルマ共産党CPBの興亡』)を通してなされた。

一九八〇年代全体を通じ、アフガニスタン戦争の影響下にあったアフガニスタンとパキスタンは、麻薬生産において黄金の三角地帯に相当する地位を占めるようになった。しかしながら、この地域には、ほとんど関心が払われてこなかった。現地パキスタンのジャーナリスト、セイド・イムラン・アクバルは、麻薬とパキスタン軍情報部との関係を専門的に調べていたが、フランスへの政治亡命を求めざるを得なくなり、フランスに移って麻薬地政学の研究を続けた(『植民地時代から今日に至る西南アジアの麻薬地政学』)。これらの研究に追随するものとしては、アメリカ人ジャーナリストでイスラム運動の専門家ローレンス・リフシュルツの研究があげられる。アルフレッド・マッコイ、カトリーヌ・ラムール、ミッシェル・ランベルティらの調査の増補改訂をねらったアラン・ラブルースの著書『麻薬――カネと軍隊』は、三つの章が黄金の三日月地帯に当てられている。ドイツの経済学者ドリス・ブッデンベルクは、数多くの専門的報告書(『パキスタンの地下経済と麻薬経済』)、そしてとりわけ国連の国際薬物統制計画(PNUCID)に対する報告書の中で、経済と疫学というレベルでこの地域における麻薬の役割について認識を深めるところとなった。

(4) 麻薬地政学監視機関(OGD)

シェンゲン条約の枠内で麻薬地政学の領域を構成しているのは、基本的には麻薬監視に関する各国の政策である。これはおそらく、麻薬地政学が今日までEU諸国の中で占めてきた、かなり限られた立場を説明するのに役立つだろう。国内地政学では、パレルモのジュゼッペ・インパスタート・センター所長ウンベルト・サンチーノが、一九七〇年代末以来、マフィアとキリスト教民主主義とのつながりや合法的産業へのマフィア資本の浸透について研究している。パスカル・オーシュランとフランク・ガルブリー(『照合調査』)は、主としてトルコ、シリア、およびレバノンの組織のスイスへの浸透について調査した。フランスのジャーナリスト、ファブリジオ・カルビ(『ボスたちのヨーロッパ』)は、ヨーロッパにおけるマフィアの侵入について検証し、一方、「ヌーヴォー・クォティディアン」の寄稿者ジャン・クロード・ビュッフルは、マネーロンダリングにおいてスイスが今だに果たしている役割について研究している。

一九九〇年に、アラン・ラブルース、シャルル-アンリ・ド・ショアセル・プラスラン（『麻薬――規制が活力を与える経済』、フィリップ・ボルデ『法の境界の研究』）、ディミトリ・ド・コシコ（アレクサンドル・ダストケービッチと共著の『麻薬帝国――ロシアとその周辺』）を含む、幾人かの研究者・法律学者・ジャーナリストが、麻薬地政学監視機関（ＯＧＤ）を創設した。その目的は「麻薬生産と密売の経済・政治・軍事的状況」の研究についてである。一〇〇近くの国々の特派員ネットワークが頼りのＯＧＤは、一九九二年一二月、パリで麻薬地政学に関する第一回国際会議を開催し、その議事録が翌年出版された（アラン・ラブルースとアラン・ワロンの共著『麻薬の惑星』）。ＯＧＤは、特にＥＵとフランスのいくつかの研究機関の委嘱で、麻薬領域に関する様々な専門的調査を行った。ＯＧＤは、三カ国語で毎月、非公式文書を刊行しており（『国際麻薬公報』）、加えて年次報告も発行している。さらに、ＯＧＤは、最初の『麻薬の世界地図』を出版した。

（5）麻薬の世界地図

麻薬地政学の理論的考察という点で突出しているのは『麻薬の惑星』が出版されたことである。社会学者アラン・ジョックスの『麻薬戦略――亀の島から世界空間へ』は、とりわけ麻薬地政学の範囲をくまなく検討するという初めての試みであった。このような概念的考察の努力は、『麻薬の世界地図』にひきつがれた。この著書の出発点は、今世紀初頭以来の禁止と反禁止措置の間をさまよう論議を越えて、文化、商業、および政治的争点である麻薬がすべての人間社会に存在していたという事実にあった。麻薬は、宗教的、医学的、科学的関心の対象であると同時に、戦争、排除、そして堕落の中心に位置していた。『麻薬の世界地図』の第一の目的は、麻薬の栽培地や、貿易ルート、および麻薬が原因もしくは原動力となっているような地政学的紛争を地図上で目に見えるようにすることであった。この本はまた、麻薬使用の文化圏を定めており、麻薬の拡散を「短期」に区切りつつも「長期」も連想させるようにしてある。こうして、初期の地図は、「快楽の植物」を求めてシュメール人、ギリシャ人、エジプト人、モンゴル人、ペルシャ人、そしてアラブ人が利用してきた長いキャラバン・ルートを再現している。それらは、また、仏教やイスラムそれぞれの伝播の拡散に伴った、あるいはそれに先立ったアヘンと大麻の普及を描き出している。一八世紀末から一九世紀初頭にかけ、麻薬は非常に大きな変遷を遂げており、この地図は「大規模密売の始まり」とそれに伴う薬品産業の起こりを描いている。それらは、オスマン帝国とオーストリア・ハンガリー帝国の崩壊、そしてレバント地方のディアスポラ［離散ユダヤ教徒］による密売の請負に重点をおいている。麻薬が違法になってからは、その歴史は、もはや商社や銀行の海外支店とか国営会社の歴史ではなく、犯罪世界の歴史に結び付いている。マフィアとカルテルは、植民地帝国の独占から開放された取引を受け継ぎ、いまや生産農家と直接契約を結んでいる。麻薬は、何世紀にもわたって紛争と結びついてきた。戦争と麻薬の関係は、この本で確認できるように、幅広い多様性がある。それらの時間の継続性を示すために、『麻薬の世界地図』では、例えば、ビルマの場合のように複数の小さな紛争を連続した形で断片化して呈示している。コーカサスの場合のようにある状況が不確実かつ複雑なときは、全ての要素を取り入れることが望ましい。常に様々な事象がモデル化されて網羅されている。このように、『麻薬の世界地図』では、麻薬地政学の成り立ちを表現することを意図しているのである。

第2章　麻薬と紛争

1　麻薬の戦略地政学

(1) 帝国の解体をなぞる麻薬戦略地政学

麻薬の密売の活動範囲は、今世紀初頭以来、主に国境地帯である。それは、とりわけ［歴史を担った中華帝国、オスマン帝国、ハプスブルグ帝国といった］帝国の解体に由来する不安定かつ対立の多い国境地帯で展開されている。麻薬が地下経済の基本的な原動力となり、植民地帝国や銀行の独占構造から解放され、今世紀初頭の薬物ブームで麻薬が購買欲の対象となって以来、それは、帝国の弱体化や崩壊を有効に利用してきた。中華帝国、オスマン帝国、そしてオーストリア・ハンガリー帝国は、麻薬密売人の最初の活動空間で、いわゆる闇取引の第一の戦略地政学的目標であった。闇取引では、これらの空間を掌握しつつ、最大限の利益をそうさなく生み出すことができた。

二〇世紀初頭には、法の外での麻薬への投資が、統制できない市場での競争という制御不能の状況をもたらした。それが、合法アヘン製造業者のカルテル化を引き起こし、二流の製造所を破産させ、非合法活動へと追いやった。バルカンや中東の生産国と西側の薬品産業組織との間の不正取引は、東地中海や中央ヨーロッパ出身の新種の密売人を生み出した。これらの新参者たちは、極東の営利市場とほどなく結び付くことになる。

こうして、オスマン帝国とオーストリア・ハンガリー帝国の解体、新国家の出現、そして両大戦期のバルカン半島の危機は、アヘン違法取引の拡大へと繋がった。その当時、ヨーロッパの生産国（トルコ、ユーゴスラビア）と（スイス、ドイツ、オランダ、フランス、イギリスの）中小の薬品産業は、大多数がレバント地方や中央ヨーロッパ出身のディアスポラ［離散ユダヤ教徒］の商人たちに依存して、違法取引へと走った。これらのグループが、両大戦期全体を通じ、アヘン密売の底辺を支えた。彼らの人脈、事業の才能、そして協定を結びながら、違反してでもなんでもする西欧諸国の申し立てを無視した能力により、また完全に閉鎖されたネットワークのお陰で、彼らは中東、エジプト、さらに遠い中国のすべての自由都市（上海、広東、天津など）で活動ができた。アメリカに新しく成立した国立麻薬局は一九三三年報告書の中で、中国で活動する「取引業者」の四〇パーセントがギリシャ人で、残りの多くは中央ヨーロッパやロシアのユダヤ人、セルビア人、ブルガリア人、およびアルメニア人からなっている、と断言した。レバントのディアスポラによる麻薬請負事業は、両大戦期を通してずっと覇権を握っていたが、それは、今日の近代経済が実践しているような、時代の先端をいく手法を駆使していた。移動性、広域化、仲買人と名義人の使用、原料生産地への入植、不安定市場の独占、生産・加工・海運・流通等について、独自の機構内での連携、最も有利な法律や特典を有する国への投資などがそれである。その意味で、麻薬の請負事業は一九九〇年代の世界的混乱の下では、ロシアやバルカン半島において、戦争直後に彼らの後を継いだマフィアより、よほど多くのマフィアを出現させたのである。

(2) 短期戦略地政学

今日、ベルリンの壁崩壊後におけるＥＵ内部の国境消失と「極東」経済の誕生は、麻薬に結びついた組織に非常に大きな活動空間を開放してしまっており、それら組織間の協力関係も助長されている。なかでも、イタリア、コロンビア、中国のマフィアは、非常に組織化されている。しかし、同時に、原料を供給する生産地や、それに関連した輸送と分配に関わる流通部門においても、ソ連邦の解体がもたらした動揺が広がっており、長年、アジアを舞台としてきた紛争を激しいものにしてきた。かつてのシルクロードを通るアヘン・ルート沿いのあらゆるゲリラと民族・宗教・国境紛争は、自らの資金調達源を麻薬に求めた。それら紛争の主役たちは、同胞であるディアスポラをヨーロッパの拠点として用い、目的のために固有の構造をつくりあげ、時にはまったく気ままに行動している。したがって、今世紀初頭に他のところでみられた現象が旧ソ連帝国内で見い出されても、不思議はない。これらの現象によって、今日のヨーロッパでは、市場の混乱と紛争の「輸出」がもたらされている。コソボ、チェチェン、マグレブの氏族、クルド労働者党（ＰＫＫ）の闘士、あるいはパレスチナやアフガニスタンのイスラム原理主義者、ナイジェリアの「学生」とセネガルの移民労働者、クロアチア、セルビア、ボスニアの戦士、ラテンアメリカやイスラエル、ポーランド、ロシアの実業家などが、分配という古典的図式からはずれて、「侵入者」として行動する密売人のネットワークを形成している。党、同業者、友人、家族、昔の兵士仲間、そして情報機関の同僚が、彼らに不可欠な情報、すなわち大都市と現地の運び屋や潜在的な顧客層の情報を提供している。大体において、彼らは、自らが麻薬の所有者である。彼らは、アルバニア、ブルガリア、トルコ、スペイン、エジプト、ウクライナ、時には直接中央アジアで麻薬を買付けており、ヨーロッパをまさに戦略空間、一つの市場、そして目標としてとらえているのである。

ラテンアメリカでは、さまざまな要因が、これに比肩し得る現象を生み出した。冷戦の終結は、アメリカを共産主義との闘いから組織犯罪との闘いへと転換させた。このようにして、麻薬の違法取引は、軍事的・政治的に最優先の目標となったが、それは裏目に出た。例えば、コロンビアでは、カルテルの排除が密売の分裂を引き起こし、一部は中小の請負業者に吸収された。ペルーでは、「商社」と呼ばれるいくつかの現地組織が、コロンビアの密売人に対抗して独立し始め、塩酸コカインの輸出を独自の軌道に乗せている。アメリカにおいてさえ、マリファナの密売と合成麻薬の違法取引に対する厳しい取り締まりによって、新型コカイン「クラック」の供給へ向けたギャングの再編が助長された。アフリカ、特にナイジェリアでは、麻薬の密売ルートは、幅広い家族構成に立脚した旧来の密売ネットワークを手本にしている。こうして、再び二〇〇〇年の夜明けには［麻薬の］帝国が現れるかもしれない。このように、麻薬は、二大陣営の軍事・外交同盟のゆるみから生じた亀裂を取り繕っている。西側世界の指導者たちの求めに応じて自らを仮想の敵に変身させようとしているのである。

2　麻薬取引の特徴

(1) 利益の拡大

麻薬取引は、独特な特徴を呈している。第一は、利益の段階的拡大ということである。すなわち、麻薬の生産・加工・商品化のいずれの段階でも、儲けは極めて大きい（それらは、それぞれ多くの中間取引に細分される）。コカインとヘロインの場合、生産者から消費者に渡るまでに、その価格は平均二、五〇〇倍にもなる。各段階は、アラン・ジョックスによると、「余剰があると、兵士を養えるので、軍事権力の蓄積の場」（「麻薬戦略――亀の島から世界空間へ」、『麻薬の惑星』所収）となっている。

(2) 物々交換

取引の第二の特徴は、それがいくつかの形態を取り得るということである。例えば、麻薬と兵器の物々交換は、しばしば現金払いに代わるものである。一例をあげれば、イタリア警察は、一九九〇年代半ばにマフィア的組織のカモッラが旧ユーゴスラビアで購入した兵器の代金をヘロインやコカインで支払い、さらに、これらの兵器をラテンアメリカの密売人の麻薬と交換していることを明らかにした。

(3)「タッパーウェア」

第三の特徴はもっとユニークである。それは、売り手が客に麻薬のみならず兵器をも提供しているということである。麻薬販売の領域での利益拡大は、武器の売人がその顧客に支給するハシシュ、コカイン、あるいはヘロインを顧客が転売することで武器の代金を支払えばいいという保証をしている結果である。それは、アメリカで普及している、消費者と売り手の間のさまざまな売買方式システム(タッパーウェア、アムウェイなどのマルチ販売システム)の一変形であって、シャルル・アンリ・ド・ショワセル・プラスランが著書『麻薬——抑圧による動態経済学』の中で、この視点から分析している。ここでは、麻薬の転売者が兵器の消費者である。麻薬卸業者にとっては、また安全と顧客の維持のため、兵器と麻薬の販売ルートを一本化しないことが、絶対に得策である。このことは、一九九〇年代初頭、アフガニスタンから同時に発送されたスティンガー・ミサイルとヘロインがバルカン・ルートで押収された実例をみればよくわかる。

3　紛争の資金調達

(1) 栽培課税

コカ戦争から黄金の三角地帯の戦争まで、麻薬は、数多くの紛争の資金源となってきた。一九七〇年代までは、中国文化大革命やインドシナ・ベトナム戦争のように、紛争は大規模化し、そこで密売を担当していたのは、大国、特にフランスやアメリカの軍人と出先機関であった。一九八〇年代以降における生産の急増に伴う新現象は、交戦国が麻薬によって資金を調達するのが一般化したためである。それ以後、麻薬による資金は、カネの無い軍に注ぎ込まれるようになり、それをジャン - クリストフ・ラファンは『新しい未開人』の中で、地球の「灰色地帯」と呼んでいる。

このような規模の変化により、交戦国は何より麻薬生産の現場に関心を持つようになった。すなわち麻薬としてそのまま使われる植物（マリファナ、ハシシュ、アヘン）、もしくは化学的処理後に得られる麻薬（ヘロインとコカイン）の原料を、農民が栽培し、販売することである。ただ、農民のコカインやケシ栽培の収入は、豊かな国の街で売られている完成品価格の一パーセント以下である。

アフガニスタンでは、戦争初期に、ヘラートの「ロヤ・ジルガ」［国民大会議］、すなわち文民政府と宗教界の権威による大会議のイスラム決議（ファトワ）でケシ栽培の禁止を解除した。南部ヘルマンドでは、ハラカート・エンケラビ・イスラミ党のムラー［イスラム教国の法律家・聖職者・高級官吏などの称号］、アクンザーダ兄弟が、アヘン売価の五パーセントから一〇パーセントを受け取っており、一九九四年には、この地方の生産一五〇〇トンに対して三五〇〇万ドルないし七〇〇〇万ドルが徴収された。そのカネは、五〇〇〇人分の軍装備に役立った。違法栽培とゲリラとのこの種の報告は、例えば、ペルー、コロンビア、フィリピン（ミンダナオ解放民族戦線）、インドネシア（アチェ・スマトラ解放戦線）、インド（ナガランド社会主義民族会議）、セネガル（カザマンス民主勢力運動）、そしてリベリア（リベリア愛国民族戦線）にもみられる。

(2) 商業化の結果

しかし、現地勢力が農民の支払う一〇分の一税から得る財源だけに頼るのは稀である。センデロ・ルミノソは、現地生産への課税をコロンビアの密売人が支払う売上税に代えた。税率は航空貨物平均三〇〇キロのコカインに対し五〇〇〇ドルから一万ドルであった。いくつかの場合には、税は兵器という現物で支払われた。ペルー軍情報局によると、一九九二年までの麻薬による税収入は年に一〇〇〇万ドル近くで、建物・車の購入、国際貨物運送費、弁護料、医療費などの組織活動にあてられた。

黄金の三角地帯のビルマでは、「アヘン王」クン・サは、生産者からではなく、彼の統治地域に仕入れにやって来た商人から徴税した。例えば、家畜に五パーセント、翡翠に一〇パーセント、そしてアヘンに二〇パーセントの税が課された。それとは別の納付金が、シャン州北部で生産されたアヘンを密造所のあるタイ国境まで輸送するキャラバンを護衛するために徴収された。同じく、クン・サ軍の統治下の一帯では、精製所から出荷されたヘロインへの課税は製品価格の四〇パーセントにも上った。そのカネに、他のすべての商品、特に宝石と木材からの税収が加わり、一万人の軍の維持が可能になったのである。

(3) 国際ネットワークの配置

武装集団のいくつか（コロンビア革命軍FARC、センデロ・ルミノソ、アフガニスタンの過激派、カザマンスのゲリラ）は、彼らの影響力が及ぶ地元以外の地域には介入していない。それに対して、他の武装組織は、豊かな国に麻薬を供給するための輸出網をしかるべきところに張り巡らし、密売の範囲を段階的に広げることによって、自らの利益を増やしている。一九八〇年代半ばのスリランカにおけるタミール・ゲリラ、イーラムのトラの場合がそれである。レバノン内戦では、キリスト教徒マロン派義勇兵が麻薬密売をしばしば大規模に行い、そのことをフランスの法廷で訴追されたとき、彼らは、自己の共同体の軍事防衛の資金源として、ヘロインや大麻の密売を組織化したと強調した。セルビア、コソボ州のアルバニア人ネットワークの例も同様で、ヘロインをスイスや他のヨーロッパ諸国に売って、兵器を手に入れている。多数のクルド人共同体が存在するドイツやオランダと同様に、トルコでなされた差押えから、クルド労働者党（ＰＫＫ）の活動（軍事・その他）の資金源として、麻薬があてられていたことが確認された。彼らのネットワークは、トルコを免税通過するヘロイン密売の二〇～三〇パーセントを扱っていたとみられる。トルコから離散したクルド人の密売ルートは、輸送、資金洗浄、さらに小売をも担っている。しかし、アンカラ当局が断定したように、密売の全責任をこれらの組織に帰させてしまうというのは不当であろう。いわゆる犯罪組織の外にあるトルコ軍も、アナトリア高原の紛争地帯では同じように密売に加わり、特に現地で駆り集めた補充部隊には麻薬で給料を支払っていた。これらの将校は、イスファハン地方のムラーの統治下にあるイラン密売ルートと関係がある。

4 密売ルートと紛争

(1) 流通舞台の紛争

消費国市場での流通における武装組織の深い関与は、犯罪の要因であるばかりでなく、同時に外国領土での紛争の原因ともなっている。こうして、シェンゲン条約の空間は、しばしば競争が対決に変わる舞台でもある。ＰＫＫの闘士たちとトルコの極右組織「灰色の狼」、イスラム原理主義者と結びつき、アフガニスタンに肩入れされたアルジェリアとモロッコの密売ルート、アルメニアのダシュナック党とレバノン―コソボ―トルコのネットワークなどは、分配範囲の支配をめぐって絶え間なく交渉をくり返しており、ときにはチューリヒ、フランクフルト・アム・マイン、ベルリン、あるいはブダペストで一九九五年にみられたように、対立を軍事紛争にまで発展させている。危機的状態にある地域で展開されているほどの激しさはないにしても、これらの紛争は、ヨーロッパの中心部さえも不安定化させる要因となり得る。それは、単純に力で解決できる問題ではなく、本国から救援にやって来た戦い慣れた軍隊による軍事作戦が必要であって、激戦のあとに、その地域全体から流通ネットワークを一掃できなければならない。現に、一九九五年初め、チューリヒでの一夜の戦闘で、都市向けのヘロイン分配地の半数近くが、コソボからシリア・レバノンに移った。この種の紛争の悪化を避けるため、流通の密売ルートでは、イスラム教徒のアルジェリア人とモロッコ人の双方が受け持っているドイツの西部地方（シュトゥットガルトとマンハイムの間の地帯）の場合のように、ますます女性や子供を雇うようになって来ている。

これらの紛争はまた、生産国から消費国に至る密売ルートの支配を求めて生じる。紛争は、古くからの流通ルート近くで、きわめて頻繁に生じている。そこでは、ルートの支配よりも、競争相手のインフラと輸送システムを破壊し、相手にとって代わることの方が重要である。例えば、一九八九年におけるアゼルバイジャンの港スムガイトでのユダヤ人虐殺［によるユダヤ・ルートの中断］の後、ダシュナックと連携したアルメニア独立主義者が牛耳る密売ルートはウズベキスタンからスムガイトに達した。この密売ルートは、新市長でアゼルバイジャン人のスレト・グセイノフ、別名「高地カラバフの森のロビン」のルートに代わった。彼は、アフガニスタンのアヘンが南キルギス軍の権力者ベクマナト・オスモノフの勢力下にある南キルギスを通る際に、免税で通過させてきた。オスモノフは、アゼルバイジャンで引き渡されたアヘンと交換に軍需品をタジキスタンの反体制派に提供することで、アヘンと兵器を密売している。

このように、中央アジアからコーカサスにいたる一連の紛争は、調達のための密売ルートを通じて直接繋がっている。今日、グセイノフが失脚して以後、密売ルートは、イスカンダル・グアミドフが率いる「灰色の狼」の手に落ちた。彼らは、ダシュナック党とＰＫＫの密売ルート（トルクメニスタンとイランでの免税通過）と競合している。これらの密売ルートでは、重要なインフラ（航空機、ヘリコプターなど）が配置され、軍事作戦の優先的な対象になっている。

（2）麻薬・兵器密輸ルートの相互浸透

紛争間の相互作用は、しばしば予期せぬ結果を生むものである。例えば、コソボで押収された兵器の大部分は、レバノンの在庫品であった。実際、これらは、ＰＫＫによって取引きされ、アナトリア高原のイスラム集団を経由して、コソボに送られてきた。もう一つの例は、トルコのアジャリ地方で旧ソ連将校が不要にしたＴ‐34‐85型戦車が、ボスニアと（北イエメン軍の攻撃以前の）北イエメンで発見されたことである。旧ソ連将校の「引き渡し」関与は、チェチェン「分離主義者」（チャーリ党）と旧ＫＧＢ高官および特殊部隊（ＯＭＯＮ）の一部からなる「モスクワ麻薬カルテル」との合意のもとでなされていた。最終的には、チェチェン人が（アルメニア部隊とコサックの「傭兵」に支援された）アブハジア分離主義者集団と戦っていた時点で、旧ソ連将校がメチェドリオンニ（アブハジア分離主義者と戦ったグルジアの軍の権力者ジャバ・ジョセリアニの武装組織）と共にコーカサスの兵営部隊から「盗んだ」兵器と麻薬の国際的密売ルートをつくり上げていた。

これらすべての例において、麻薬は、まさに紛争に資金を提供し、刺激して紛争そのものを生み出すことさえある。しかも、それと平行して、ある時は敵対することもある、様々な特徴を持ったいくつかの武装組織間の連絡、共謀、および中継なども、同時に確立してきた。実際に、麻薬は需要を満たし、常設の「連絡」組織（ネットワーク）を作って、休みなく対応し、反乱などが起きた時にも即応できるようになっている。その意味で、兵器調達の密輸ルートは、紛争とそれに資金提供する麻薬とを区別しない。この場合、「ネットワーク」は、戦闘の合目的性を考える以上に重要と思われる。

5　国家の麻薬関与

(1)　紛争の争点としての麻薬

麻薬の生産大国ビルマ、コロンビア、ペルー、あるいはモロッコが主張している説は、非合法活動が展開されているのは、移住してきた少数民族の住むジャングルや山岳地帯で、容易には到達できず、そこへは中央国家のいかなる監視も及ばないし、たとえできたとしても、ごく限られたものになる、ということである。先進諸国と国際機関は、これら諸国の政府との無用な紛争を避け、そして自らの威信を保つためにも、しばしばこの説明を信じるふりをしている。実際のところは、これらの中央政府は、生産と密売を管理する集団と協定を結んで利益の分け前を得ている。それは、リフのモロッコ政府、またビルマ政府の場合がそうである。政府が停戦に同意した少数民族ワ族とカチン族の生産者については後述しよう（第3章）。ペルーのように紛争が起こると、軍は反乱分子

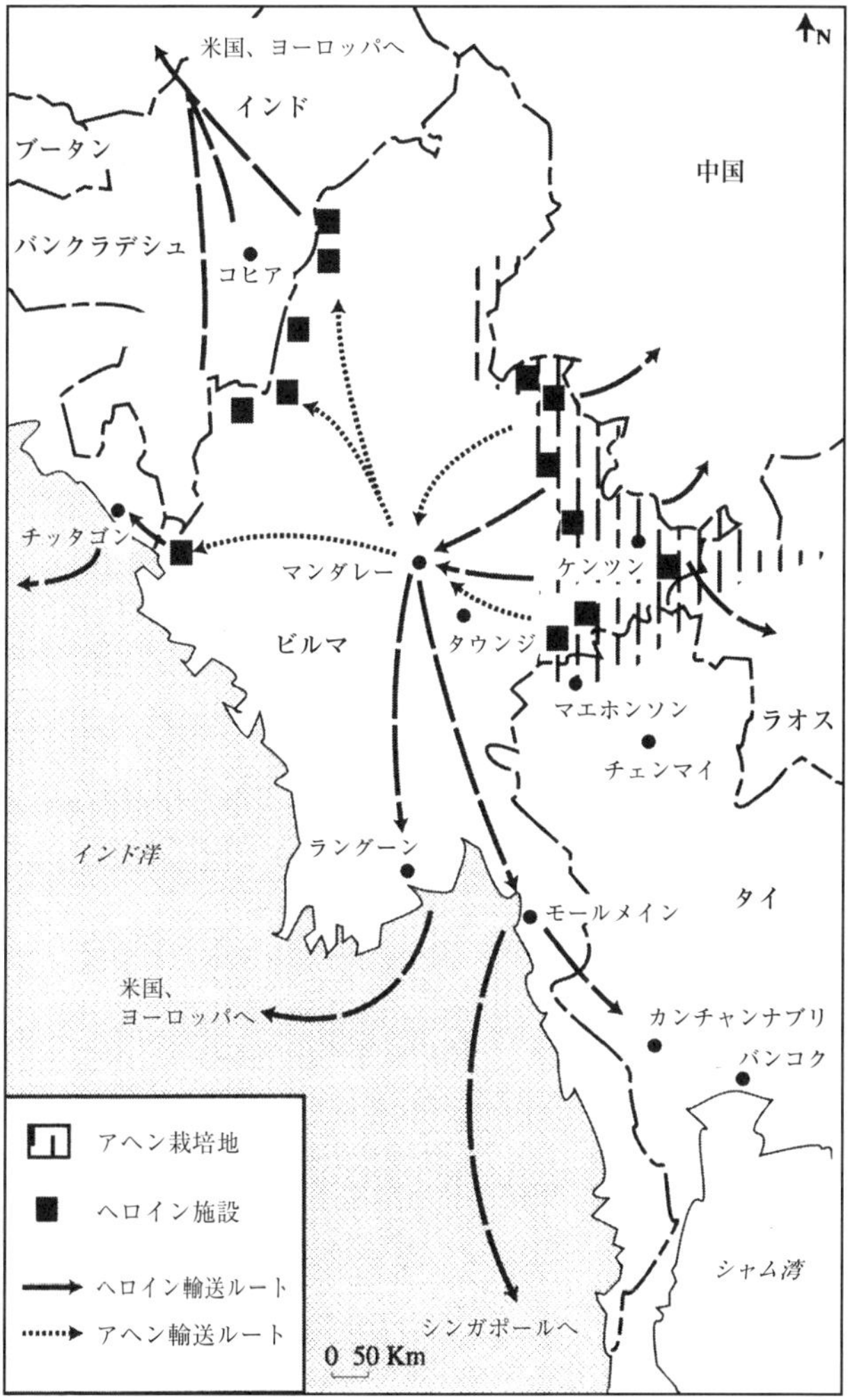

図　ビルマの違法栽培、栽培地、および密売　（出所） OGDO

と生産地の監督権を争うことになってしまう。

このように、麻薬は、軍資金をめぐる争いの対象となる傾向にある。この場合、紛争が反乱分子同士を対立させ、あるいはごく頻繁に反乱分子が治安軍と対立するところとなる。ペルーのワジャガ渓谷で、一九九二年以来、軍がセンデロ・ルミノソにしかけている戦争は、イデオロギー的要因以外に、コカイン輸送に対する課税独占のための滑走路の監視という目的があった。同じく一九九一年におけるアゼルバイジャンの旧ソ連エリート政治局員二名の手による相次ぐクーデタは、中央アジアとイランを横断する密売ルートにバクーを組み込む必要性があったためである。そのうえ、バクーは、アヘン、麻黄、および向精神薬を加工できる石油化学工業の一大中心地である。グルジアにおいて一九九三年九月、チェチェン部隊とロシア軍の密売人に支援されたアブハジア人がスフミを占領したのも、この麻薬拠点を押えるという同じ目的からであった。

(2) 麻薬と情報機関

麻薬のカネは、軍隊の維持や「情報」活動の資金源になり得る。実際、パキスタン軍情報機関であるインター・サービス・インテリジェンス（ＩＳＩ）は、一九八〇年代初頭以降、アフガニスタン国境沿いのヘロイン密売にかかわっていた。これらの利益は、インドを（カシミールとパンジャブにおいて）不安定化させる作戦の資金源として使われた。この種の戦略は、第三世界諸国だけのものではない。フランスやアメリカのような大国でも行なわれている。われわれは、東南アジアの事例にそれを見ることができる。CIAは、ニカラグアに対する秘密工作の際に、再び麻薬密売人に頼った。それは、一九八四年一二月から一九八六年一二月まで、アメリカ議会が反サンディーノ主義者への米軍援助を停止した（ボラン修正）後、オリバー・ノース大佐を中心に行なわれた。資金の一部は、歴史に残る「イランゲート」の一環として、イランへの違法な兵器売却により調達されたものである。アメリカ発の飛行機がコスタリカに拠点を置く南部戦線コントラに兵器、食糧、および装備を輸送し、さらにコロンビアにも飛んでいた。帰りの飛行機には、メデリン・カルテルのボス、パブロ・エスコバルとホルヘ・オチョアから提供されたコカインが積まれていた。この麻薬は、コスタリカ北部の大牧場で手渡された。牧場の所有者は、ジョン・ハルというアメリカの一市民であり、CIAと国家安全保障会議（NSC）との密接な連携の下に、ニカラグアの戦闘支援［のためのカネの調達］にかかわってきた。これらの関係は、アメリカ政府の輸送機が牧場近くで墜落し、乗員七人が死亡したことで、世間に知れ渡ってしまった。

とりわけ正確な情報は、これらの密売に携わった後、アメリカで別の麻薬売買のため逮捕され裁かれたパイロット、ジェラード・デュラン、ジョージ・モラレス、ゲーリー・ウェイン・ベツナー、マイケル・トリバーから提供された。トリバーは、ジョン・ケリー上院議員を議長とする米上院調査委員会における証言の中で、一九八四年に二回にわたってコントラのためにコスタリカまで兵器を運び、帰りの飛行機にはその都度〇・五トンのコカインを積んでアメリカに戻っていたことを明らかにした。さらに、彼は、一九八六年三月にコントラ向けの一五トンの軍事装備をホンジュラスのアグナカーテ空軍基地までどのように輸送していたか、を証言した。彼の搭乗したDC6は、二万五三〇六キログラムのマリファナを積んでフロリダに戻り、ホームステッドの軍事基地でその積荷を降ろした。七万五〇〇〇ドルがその積荷に支払われた。

国務省も、アメリカ議会によって唯一停止されていなかったコントラへの人道援助を通して、彼を直接密売に巻き込んでいた。ケリー委員会は、契約して雇われていた航空会社の調査を実施した。いいかえれば、これらの航空会社は、必要に応じて、麻薬密売に従事するため連邦麻薬取締局（DEA）のリストに登録されていたのである。

第3章　ビルマの麻薬地政学と麻薬戦略地政学

1　伝統的生産と少数民族の反乱

(1) 少数民族の疎外と貧困

ビルマは、麻薬地政学の実験場のようなものである。五〇年余、反乱集団、少数民族、民間軍、政府軍、および正規軍が領土支配をめぐり対決している。アヘンとヘロインは、資金源であると同時にしばしば黄金の三角地帯全体に火をつけるこうした対決の争点となっている。黄金の三角地帯は、ビルマ北東部、タイ北部、そしてラオス北部に跨がる二二万五〇〇〇平方キロメートルの広大な土地に与えられた名称である。そこは、世界の麻薬の生産と密売の象徴となった。この土地のビルマ部分は、シャン州（三五〇〇万のシャン族）とカチン州（一二〇〇万のカチン族と二五〇〇万の現地住民）で、アヘンとヘロインの主要な生産地である。第二次世界大戦後、ビルマでは、黄金の三角地帯の他の二カ国と同様に、ケシ栽培とアヘン生産は、栽培に従事している少数民族の間で今日なお用いられている通則や慣習に従っていた。シャン州のアヘン総生産は約四〇トンであった。カチン州では、ケシの栽培は一九四六年以降、原則的には禁止されていたにもかかわらず黙認されていて、やはり数十トンほど生産していた。ほとんど人の住んでいないサルウィン川東側のシャン州は、非常に起伏に富んでいるという特徴がある。そこでは、いくつかの道路とラバ[騾馬]による道以外、いかなるインフラも整備されていない。コカンとワ地方は非常に厳しい気候条件にあり、極度の貧困の下に生活している山岳部族が住んでいる。この地域の農業における低生産性が農民のケシ栽培への依存を助長してきている。

(2) 軍事独裁と民族の反乱

第二次世界大戦後、ビルマ政府が少数民族、アニミズム信奉者、そしてキリスト教徒などの少数派の自治権を認めなかったため、一九四七年にカレン族のようないくつかの民族が反乱を起こした。一九六一年における国教としての仏教の創設や、一九六二年のネ・ウィン将軍と「ビルマ社会主義計画党（BSPP）」による「社会主義へのビルマの道」、独裁的でかつ愛国的な「社会主義的仏教」体制の始まりによって、状況はさらに悪化した。カチン族は一九六一年に、シャン族は一九五八年に、それぞれ反乱を起こした。ビルマ共産党も中国に後押しされて武器をとった。国全体に広がった反乱（イラワジ川デルタとビルマ中央部の共産主義者、タイ国境沿いのカレン族とカレンニ族）と、一九四九年以降に中国から逃れてきた中国国民党軍（KMT）の存在が麻薬の生産を増大させた。KMT軍は一九五四年に、シャン州の中国とタイの国境全体を牛耳り、少数民族に生アヘンに対する納税を強い、それによって少数民族はケシの栽培面積の拡大を余儀なくされた。さらに、KMTは、タイ向けの麻薬運搬ラバ隊を組織化した。CIAは、この中国民族主義者を支援しており、密売を奨励はしなかったものの黙認した。

この時期全体を通じてアヘンの生産は急増し、約四〇〇トンに達した。その大部分はワ地方とコカンの産であった。カチン州で収穫される三分の二は南部地方のものであった。同じ時期に、タイは一二〇トンないし一五〇トンのアヘンを、ラオスは約二〇〇トンのアヘンをそれぞれ生産していた。

(3) 中国国民党軍（KMT）の後方拠点と戦略地政学の武器としてのアヘン

一九四九年に、蒋介石軍は、毛沢東が率いる共産主義者に敗北した。李弥将軍の第九三師団の残存兵はビルマに逃れ、シャン州に身を落ちつけた。その集団は、南からの中国侵略計画のため、台湾とCIAの支援で再組織化された。ビルマ軍は脆弱で、いくつかの少数民族の反乱を抱えて苦闘していたので、シャン州とサルウィン川、さらにその対岸地を占領している中国国民党軍と対決する余裕もなかった。中国国民党軍は、南部で一九四七年創設のカレン民族防衛組織（ＫＮＤＯ）と同盟を結んでいた。

一九五二年、ビルマ軍は、何とか李弥将軍配下の中国人の追放に成功した。そして、国際連合機関の支援で、ＫＭＴの一部を台湾に撤退させた。しかしながら、ＫＭＴは、現地の部族を徴集して兵力を回復し、その攻勢は南のビルマ軍と北の中国共産主義者の共同作戦によって彼らがタイ国境に追い払われるまで続いた。新しく徴用された中国国民党の兵士は再び台湾に送還された。これにより、ＫＭＴは、ＣＩＡの公的支持を失ったが、彼らは、タイとラオスの北部国境の撤退拠点にそのまま根を下ろした。李弥の引退後は後継者の対立で、ＫＭＴは解体した。段希文将軍の第五軍は、一八〇〇人の勢力でチェン・ライ州のメサロンに司令部を置いた。一方、李文煥将軍の第三軍は一四〇〇人を数え、ファン地方のタム・ゴップを本拠地とした。

ＫＭＴが、香港の化学者の協力を得て、モルヒネとヘロインから純度九〇パーセントないし九九パーセントの注射可能な第四のヘロインを生産できる精製所を設置したのは、一九六〇年代の初めであった。タイ王国令ではアヘンの吸引は禁止されていたので、タイが、ビルマで生産されたものの最初の送り先であった。ベトナム戦争の拡大は、相次いで召集される米兵向けの新しいヘロイン市場を生み、そのことが生産をさらに飛躍させた。

この時期、ビルマ政府は、ＫＭＴおよび少数民族の反乱軍と戦うため、自衛義勇軍（ＫＫＹ）を創設した。政府は、アヘンの自由取引権と引き換えに、KKYに兵器を提供し、現金で支払うことを免除した。間もなく、義勇軍の一部は、KMTを踏み台にして、麻薬取引で主導的な役割を担うようになった。この政府の黙認は、アヘンの生産と商取引を禁止した新法と矛盾したまま、アヘンの生産と密売が段階的に拡大するのを許してしまった。

(4) 軍の支配者と共産党

少数民族の反乱とビルマ共産党（PCB）軍の進出阻止に対するKKYの軍事的無能力を目の当たりにして、ビルマ政府は、一九七三年にその解散を決定した。儲かるアヘン取引で優位を占めていた彼らの一部は、兵器の引き渡しを拒否した。KKYの指導者二人がアヘン王となっていた。すなわち、中国系シャン族のチャン・シェーフー［張寄夫］、別名クン・サと共産主義者の圧力でコカンを放棄しタイ国境近くに拠点を築いていたロ・シンハンであった。彼らの軍は、コカンとワ地方のアヘンをタイ国境に運ぶラバ大隊の護衛に当たっていた。アヘンは、タイ国境でモルヒネとヘロインに加工されていたからである。しかし、二人とも、常にビルマ人に対するシャン人民の解放闘争に協力しているのだと主張していた。

一九六〇年代の終わりには、PCBはシャン州の制圧にのり出しており、ワ地方とコカン、さらにケントゥン公国北部をすばやく占領した。少数民族からなる現地の民兵の一部は、イデオロギー上の理由からではなく、共産主義者なら彼らは中国製兵器を装備できるといった理由で、これに参加した。共産主義者は、アヘンへの課税を廃止し、かつケシの栽培を禁止しようとした。しかし、いずれの場合も、しかるべき代替計画が用意されなかったため、農民は生存のために生産を続けた。それ故に、農民を徴兵していたPCBも、程なくアヘンを買いあさる中国人を来させるままにして、他のすべての生産物と同様に、彼らのキャラバンから通行税を徴収することで満足するようになった。このようにして、PCBは、一五年来、麻薬取引きに携わってきたフェン・キャシンとフェン・キャフーの兄弟のような現地の味方を、PCBの長老に加えていた。

PCBは、中国の資金援助が減少し始めたこともあり、かつての競争相手KMTとの秘密協定により、この密売に積極的に加わった。PCBは、ワ地方で精製所を拡張するため中国人化学者に助力を求め、生産したヘロインを売るためにタイ国境でKMTとの関係を強化するようになった。こうして、一九九七年の終わりには、ビルマのアヘン生産は七〇〇トンに達した。

2　麻薬の独裁権力の配置

(1) 一九七〇年から一九八六年にかけての反乱の地

一九七〇年代を通じ、この地域の勢力関係は大きく混乱した。KMTはタイ国境の拠点に退却し、ビルマ共産主義者はカチン族、およびシャン族と仲間同士で殺し合うような戦闘に終止符を打つべく協定を結んで、ビルマ・中国国境の一帯を支配した。他の共産主義者は、ラシオ南西のパラウン族、タウンジ東のパオ族、そしてモントン地方のラフ族のような少数民族集団が支配していた地域に移っていた。いくつかの民間軍も、これらの少数民族集団、特にタイのバン・ヒン・テクの拠点を強化していたクンの「シャン連合軍」と共存していた。シャン州で行動していた武装集団は、しばしばお互いに激しい戦闘を交えていた。その争いは、谷間にあるヘロイン精製所までアヘンを運ぶキャラバンが使うラバ道の管理をめぐるものであった。一九七五年まで、タイ当局は、北部国境への外国人の立ち入りを禁止していた。究極のところは、当局がKMTへの保護を保証し、このKMTの力を利用してビルマ共産党と当時タイ北部で非常に活発であったタイ共産党地下組織とのいっさいの合流を封じていたことを隠したかったのである。起伏に富んだ山岳地帯での道路整備の欠如が国境を越えやすくしており、そのことが、国際市場に供給される麻薬の密売を容易なものにしていた。

一九八六年から、ビルマは、農民や都市の住民をはじめ、社会のすべての階層に及ぶ経済の急激な悪化によって、新たな転換期に入った。そのことが、ビルマ社会主義計画党（BSPP）やネ・ウィン将軍の長年の取り巻き連による支配の終焉をもたらした。クン・サ［中国名張奇夫］は一九八二年以来、勢力拡大を続けており、一九八五年にモ・ヘンと組んだ。モ・ヘンの組織、シャン連合革命軍（ＳＵＲＡ）は、ＫＭＴと手を切っていた。そこで、クン・サは、ＫＭＴと直接争って優位に立ち、シャン州とタイ間の国境のほとんどすべてを牛耳ることになった。彼の組織は、モン・タイ軍（ＭＴＡ）という名称で、サルウィン川とタイ国境の間のホモンに司令部を置き、密売への関与と平行してその組織を政治団体に変えた。一方、ＰＣＢは、一九七〇年代にこの「四集団」と歩調を合わせるために、中国当局によって一部が分離させられた後、自らの資金源確保のためいやおうなく麻薬の密売に向かった。

ＫＭＴは、そのとき、ビルマではほとんど地位を失っていたが、アヘンの買付交渉をするためパングサンのＰＣＢ司令部にリ・ティエン・クワを代表として派遣した。こうして、ＫＭＴの中国人とビルマ共産主義者は商売上、協力することになった。

タイでは、代替計画による規制から、アヘン生産は四〇トン以下にまで減少したが、ビルマでは、依然上昇し続けており、一九八七年には八〇〇トンから九〇〇トンに達した。逆説的には、この時期は、麻薬撲滅を目的としたビルマ向けアメリカ援助の絶頂期でもあった。数十機のヘリコプター、数百万ドルに上る支援計画、そして大きな論議の対象となった北東部のケシ畑に散布するための二・四Ｄ枯葉剤（ベトナムで使用されたオレンジ剤はその一成分である）の提供は、黄金の三角地帯からもたらされるアヘン産品とヘロインの生産増加に歯止めをかけられなかったからであった。

(2) 国家法秩序回復評議会(SLORC)対クン・サ(一九八八〜一九九五年)もしくはアヘンを生産する少数民族との戦略地政学的同盟

現地の軍事情勢の変化と独裁政治の結果、一九九四年末、ビルマの独裁政権とそのかつての同盟者クン・サが対峙するところとなった。クン・サは、次第にビルマ政府に対する唯一の抵抗者となっていく。一九八六年末、PCBは、ヒシ・ヒシ・ワンの丘で手痛い敗北を蒙った。ビルマ軍は、一五年この方、PCBはの支配下にあった土地を取り戻し、さらにキュコクの国境の村とコカンのケシ畑に近い地域を押さえることができた。こうして中国への持ち出しルートの一つが新たに開設された。このルートは、反インド同盟の関係の逆転を招いたPCBの消滅の後、ビルマ政府への兵器を届けるため、また逆に雲南向けのヘロインを輸送するため、中国人によって利用されるようになる。シャン州の南部では、クン・サが単独でシャン州軍のシャン民族主義者や、パオ国家組織(PNO)のパオ族、そしてKMTに奇襲攻撃をかけ、次々とそれらの領地の大部分を取り戻した。

国家法秩序回復評議会(SLORC)という新しい呼び名の臨時政府が一九八八年九月の軍事クーデタで成立し、これによりビルマ人の生活のすべてが覆された。一九八八年末にPCBがしかけた殺りく戦が彼らの最後の見せ場となった。一九八九年三月のPCBの崩壊は、一方では、その成員のほとんどがビルマ人であった指導部に対する少数民族軍の反乱によって引き起こされたものだが、他方では、中国の圧力の結果、少数民族の麻薬密売を制限しようという指導部の企てから生じたものであった。反乱指導者の一人フェウン・キャ・シンのてこ入れでコカンに始まった暴動はワ地方まで広がった。キャウク・ニ・ライは、かつての共産主義指導者を一掃し、彼らが中国に亡命して以後、「ワ連合軍」と称する、主にワ族兵士からなる新組織の指揮をとった。ケントゥン南東部からラオス国境に至るすべての地区をとりしきったのは、元中国人民軍将校のリ・ミン・シンであった。

SLORCの第一書記キン・ニウントと第二書記ティン・オーは、PCB出身のあらゆる集団との停戦交渉の好機を逃さなかった。SLORCにとり、密売人ロ・シン・ハンは、フェウン・キャ・シンが率いるコカン族との交渉において貴重な仲介者であった。協定を結んだ後、かつての反逆者たちは、領土の特権と兵器を保持し、かつ密売の展開にとり非常に有利な通行の自由を得るまでにいたった。キン・ニウントはビルマ情報局の剛腕局長となり、ドル箱の分配を巧みに交渉する術を心得ていた。さらに、彼は、同様の協定を、SSA［シャン国家軍］のシャン族、パラウン族、パオ族、そして最後に一九九三年一〇月カチン族と、次々に結んだ。その一方、SLORCは、モン族、カレンニ族、およびカレン族を武力で消滅させようとした。しかし、彼らの拡大した攻撃は、一九九二年三月、マナプロウのカレン族の司令部を前にして止まった。マナプロウは、NDF［民族民主戦線、一九七五年アラカン解放党、シャン州進歩党SSPP、カレンニ民族進歩党KNPP、カレン民族統一党など一三組織で結成］とビルマ民主同盟（DAB、すべての反独裁者連合）の本拠地でもあった。それが攻略されるのは一九九四年になってからである。この数年間、クン・サは、ある種の免罪特権を享受し、そして政治組織充実のためそれを利用し、軍事力を一〇倍にした。集中的な徴兵により、彼は以後、二万人近くの戦闘員とゲリラを有すところとなり、それで最強の反乱集団MTAを形成した。五年来、一〇人ほどのシャン族指導者の支持を得て来たクン・サは、一九九三年一二月にシャン州の独立を宣言した。その時、DEA［連邦麻薬取締局］から特別なはからいを得ようとして、ビルマの独裁権力はクン・サの砦に包囲網をめぐらした。

(3) SLORCと麻薬（一九八八〜一九九四年）

SLORC創設の一九八八年以来、アヘンの生産は三倍になり、米国務省の試算では、一九九四年には二五〇〇トンに達した。SLORCの政治的弾圧と人権侵害のせいで、アメリカは、特に麻薬撲滅運動の立場から、軍事・経済援助を停止した。ラングーン政府はその機会に乗じて、アヘンやヘロインの「押収物」の廃棄といった、ほとんど形骸化していた行為を最小限にとどめることができた。こうして、ヘロインの精製所は、コカンからラオス国境にかけて増えていった。麻薬売買の自由と引き換えに、SLORCとの停戦交渉をしていたフェウン・キャ・シン、キャク・ニーライ、リ・ミン・シン、あるいはロ・シン・ハンといった、かつての共産主義者の面々が密売の統制を強化した。タイ向けの従来の密輸ルートに加えて、中国向けや、雲南や他の南部の地方を経由する香港向けの新ルートが開かれ、それだけクン・サの市場でのシェアは小さいものとなった。

SLORCは、市場のあらゆる段階において、確かな勝負しかしない。実際のところ、軍は、農民に対し、常により多くの種蒔きを奨励しながら、植付けられたケシに課税している。そして、UWSA［統一ワ・シャン連盟］やその他の集団の運搬車両は、シャン州の道路を監視されることもなく往来しており、こうして、麻薬の輸送が、容易となっている。ビルマ軍は、アヘン一キロ当たり税九〇〇〇フラン、そしてヘロイン一キロ当たりおよそ税九五〇〇ないし一万四〇〇〇フランを払って、自らのトラックを用いて麻薬を運んでいる。軍はその麻薬をラングーンとモールメインに発送するため、マンダレーまで運んでいるのである。コカン近くに本拠を置く第九九師団が、密売のすべてに関与している。マンダレーに本拠を置く中央司令部元長官トン・キは、最も関わりあった将軍の一人とみられる。精製所は、インドやバングラデシュとの国境付近で増加しているが、これらの地域では、ケシは栽培されていない。したがって、国内の生産地から来た原料の加工が目的である。

国連国際薬物統制計画（PNUCID）の資金による代替計画のいくつかは、麻薬生産撲滅運動の意思が真実だと広く信じさせるためにも、「特に選ばれた」地勢的条件下に進められている。これらの地方では、農民は軍が管理する少し遠方の地帯まで、ケシを栽培しに出かけている。一九九四年以降は、シャン州の西部と南部でより多くのケシがみられるが、以前はその栽培はサルウィン川の北部と東部に限られていた。

ベルティ・ラントネル「ビルマ——大衆の征服者、アヘン」

アラン・ラブルース、アラン・ワロン『麻薬の惑星』一九七三年、所収。

ラングーン政府とビルマ共産党（ＰＣＢ）軍の旧指導者との間で締結された協定の効力を対外的に認めさせるために、数多くの麻薬の消却処分がＳＬＯＲＣによって企画され、それは国際社会から拍手喝采をあびた。はじめは、外交官と国連代表だけがこの見せ物に招かれたが、主催者に対する支持層を広げるため、外国のジャーナリストも、これらの火あぶりの刑に参加した。最初の招待客はタイのジャーナリスト、すなわち隣国の同業者で、この儀式の後、いくつかの質問を許された。彼は、無邪気に尋ねた。「これほどの麻薬を押収できたからには、あなたがたは、恐らく密売人を何人か逮捕した筈です。彼らは、どこにいるのですか」。この記者会見を司会していたのが、ビルマ北東部最大の密売人で元ＰＣＢ軍司令官フェウン・キャ・シンであった。この質問にあからさまに立腹して、彼は、こう答えた。「われわれはこの麻薬を押収したばかりで、密売人は今なお追跡中です。」筆者が一九九一年と一九九二年に幾度か雲南へ旅行して、気にかかっていた通り、現実は極めて明白である。すなわち、広く公開されたこれらの儀式で焼かれた麻薬は、実際にはラングーン政府が密売人から買付けたものだった。市場価格はキロ当たり八万チャットから一〇万チャットの間であった。密売人は、まったく損失をこうむらないばかりか、常に不確実な、上海、広東、又は香港への麻薬輸送のリスクを負う必要もない。同じ金額を得ることができれば、直接、政府に麻薬を売らない手はない。

第４章　アマゾンと黄金の三日月諸国戦争における　コカインとヘロイン

１　ペルーのアマゾン地域におけるコカ戦争の戦略地政学的争点

（１）「緑の黄金」と国家の土地管理

ペルーは、コカの葉と、塩酸コカインの原料であるコカ・ペースト（ＰＢＣ）の世界第一の生産国であり、さらにその大部分は、コロンビアで精製されている。一〇万ヘクタールないし一五万ヘクタールのコカ畑のあるワジャガ渓谷は、ペルーで最も重要な麻薬生産地帯である。この「緑の黄金」の巨大な宝庫は数億ドルに上る利益の源であり、そのためワジャガ渓谷は非常に重要な戦略地政学的争点の舞台に変わり、一九八〇年代初頭以来、麻薬密売人、警察官、農民自衛軍、軍隊、そしてゲリラらが敵対している。その状況は、ロジェ・リュムリルらの著述家が「麻薬のベトナム」

と形容しているほどである。

ペルーのアマゾン、タラポト地方のラミスタ族のように、コカを「かむ」原住民は、インカ人により高原を追われた人々の子孫である。一九六〇年代まで、ワジャガ渓谷での生産は、本来、地域の使用者向けであった。アマゾンの開発に国の農地不足の解決策を見い出したベラウンデ・テリー大統領が、中央政府が長らく放置してきたサン・マルティン県とワヌコ県への高原移民の居住を奨励したのは、ここ一〇年近くのことである。新参者は、コーヒー、カカオ、米、あるいはトウモロコシの栽培に取り組んだ。彼らは、自分たちで消費するため、コカの木の栽培も始めた。

しかし、一九六八年にベラウンデを倒した軍事政権は、アンデス山脈一帯の農地改革に力を注ぐため、アマゾンの開発を放棄した。こうして、その農民らは麻薬密売人の手に落ちた。ちょうどアメリカで麻薬の市場が広がりはじめていたからである。貧困で高原を追われ、「緑の黄金ブーム」に引き付けられた多くの農民は、以後、一本の道（「密林の縁」）によって開かれたワジャガ渓谷にやって来て、最初の入植者たちと合流した。コカの木の栽培は一九七二年の一五〇〇ヘクタールから一九七九年には二万ヘクタールを超え、急速に拡大した。同じ時期に、カカオ栽培は七八〇ヘクタールから四〇〇ヘクタールへと縮小し、コーヒー栽培も五九一〇ヘクタールから三五〇〇ヘクタールへと縮小した。

この違法栽培の拡大も、同じく連邦麻薬取締局（ＤＥＡ）の失政の結果である。ＤＥＡは一九七九年、有効な代替計画を配置する前に作付けられたコカを引き抜いて焼却させるため、ペルー政府に圧力をかけた。その三年後、再びアメリカの圧力を受けて、第二次ベラウンデ政権（一九八〇〜一九八五年）は、農村警邏機動隊（UMOPAR）の創設を受け入れた。UMOPARには栽培者を鎮圧するという任務があった。その一方で、米国際開発局（USAID）は、代替開発計画（高地ワジャガのコカ栽培の監視と縮小計画CORAH、および高地ワリャガ特別計画PEAH）に資金を提供していた。これらの計画は、経済的に失敗しただけではなく、農民の目には抑圧を正当化するための煙幕のように映り、不満の拡大をもたらしただけであった。この状況がセンデロ・ルミノソ・ゲリラの入植を誘発し、一九八四年から一九九四年にかけて、この地域はペルーにおける暴力の舞台の一つとなった。

(2) ワジャガ渓谷――土地の管理とセンデロ・ルミノソの資金源

センデロ・ルミノソと麻薬の間の関係は、われわれがはじめに想像したよりかなり複雑で、流動的である。ワジャガ渓谷へのセンデロ・ルミノソ（輝く道）・ゲリラの侵入は、その地域に存在していたもう一つの毛沢東主義組織、プカ・ラクタ（ケテュアの赤い都）の活動家が手助けた。プカ・ラクタの一部は、センデロ・ルミノソを支持した。アヤクチョ県とワンカベリカ県での軍の攻勢を前に後退した武装集団がワジャガに出現したのは、一九八四年末のことであった。この「戦略的に後退した」地域で、武装集団はコカ栽培の農民らに快く迎え入れられた。農民は、国家警察と係官を生活手段を奪おうとする執拗な敵とみていたからである。国家警察と係官が違反者と外国人密売者を追い払い、かつこの地域に道徳秩序を強制したために、農民の思いはなおさらだった。プカ・ラクタの活動家との協力で、農民は農民防衛委員会を組織し、コカの根絶計画と代替計画を進めた役人を組織的に攻撃した。この最初の段階では、農民は、農業生産を同種のものに統一するしかなかったようにみえる。つまり、単作が禁止されていたので、彼らは、土地の何割かを徐々にコカの木と食糧生産にあてなくてはならなかったのである。

今度は、軍が渓谷に入った。軍の戦略は、麻薬密売人のことは気にかけず、ゲリラと戦うことであって、このことは、センデロ・ルミノソから農民を引き離すのに役立った。センデロ・ルミノソは、全盛期のトゥパック・アマル革命運動（ＭＲＴＡ）のゲバラ主義ゲリラとも対決しており、ほとんど渓谷から追い出されていた。彼らは、高原で勢力を盛り返し、リマ周辺を包囲し始めた。実際、一九八五年に選出されたアラン・ガルシア大統領は、アンデスで手ごわい勢力となっていた農民自衛軍組織（ロンダス・カンペシーナス）を抑え、集団人権侵害に対する調査を実施した。「社会秩序の回復」に向けた弾圧は混乱の増大を来し、アラン・ガルシア政権は行き詰まり、反政府活動の進行を助長した。一九八六年から一九八七年初めにかけ、ゲリラは、ワジャガ渓谷に戻ったが、今度は、対決姿勢で新たな戦いの火ぶたを切るためであった。ワジャガ渓谷の地形は、毛沢東主義者の主流派が望んでいたほど「町の包囲」ができなかったとしても、コカ栽培者の支援もあてにしていたゲリラの展開にとってはきわめて有利だったことであろう。また、この事態に、レーガン政権、さらに、ブッシュ政権は、ラテンアメリカにおける優先順位を戦争から麻薬に移し、ペルー政府に農民を敵扱いするよう強いた。

ワジャガでは、ゲリラが土地と住民の支配を同時に拡大できたばかりか、資金源とも見ることができた。資金源については、われわれが思うほど重要でなかったかもしれないが、これまで「スパルタ」式で生きて来たゲリラにとっては看過できないことであった。センデロ・ルミノソがこの地方へ帰還して以来、密売への課税がすべてに及ぶところとなった。センデロ・ルミノソのとった戦略は、麻薬密売人と栽培者間の仲介人を自任することであった。センデロ・ルミノソは、農民のために価格の切り上げを命じ、泥棒や犯罪者および小さな中間業者を排除して、収支の業務（しばしば栽培者の損害をかえりみずにごまかされていた）を確認し、「委託」システムといわれるものを確立した。この委託システムは、密売人に対応するために農民集団を代表する活動家からなっていた。コカの葉やコカ・ペーストの買付けのため、麻薬密売人は登録料として代表団に一万五〇〇〇ドルを支払い、そのうち五〇パーセントが仲間の成員に、四〇パーセントが交通手段の購入に、残り一〇パーセントが委託業務に割り当てられた。

しかも、センデロ・ルミノソは、輸出にも同様に課税した。センデロ・ルミノソは、密売人集団のボディーガードを暗殺し、自分たちの仲間をその護衛にあてた。三〇〇キロから五〇〇キロまでのコカ・ペーストを運ぶコロンビア機のすべてから、ゲリラは一万ドルないし一万五〇〇〇ドルを徴収した。われわれの見たところ、軍とトゥパック・アマル革命運動（ＭＲＴＡ）も、ほぼ同程度の税を徴収していた。センデロ・ルミノソは、まずＭＲＴＡをワジャガ渓谷上部地帯から駆逐し、さらに、中央ワジャガの勢力範囲からの排除にも成功した。このMRTAの分隊は、ワジャガのふもとやアルト・マヨの隣接地域で再編成するはめとなった。センデロ・ルミノソは、まもなくコカの樹液を軍隊としか分けあうことをしなくなった。この地域へのゲリラの影響力が明らかになったのは一九八八年夏の終わりで、コカ畑への除草剤の空中散布というアメリカの計画に対して七二時間の「武装スト」を組織することが出来た。八月二〇日から二三日にかけて、軍の戒厳令布告にもかかわらず、同渓谷最大の都市ティンゴ・マリアでは、すべての活動が麻痺した。

(3) 国内マフィアの拡大におけるゲリラの役割

ワジャガ渓谷へのセンデロ・ルミノソの浸透のもう一つの効果は、「商社」と呼ばれる国内の犯罪組織の発展を促進したことであった。確かに、ゲリラが同渓谷でコカ・ペーストを集めるためにコロンビアからやってくるパイロットや航空機所有者と交渉せざるを得ないとすれば、常に領土内で外国の武装集団との対決しなければならなかった。そのことは、明らかに一九八〇年代を通じ徐々に拡大してきたペルー・マフィアに利することになった。一九九〇年代初頭には、専門家によると、一二〇万人が生活し、国土の二〇パーセントを占めるアマゾン地方に約四〇もの密売組織が入り込んでいた。同渓谷での栽培は、一九八〇年代半ばに最初の活況を呈し、一九九三年末以降、ワジャガ渓谷（特に中流域と下流域）から他の山脈沿いのアマゾン地方（アプリマック、マドレ・デ・ディオス、プーノ）にかけて生産及び密売地帯の再編がみられた。これらの変化の原因は、「フザリウム・オクシスポルム」というカビのためで、このカビは、一万ヘクタールのコカ畑を破壊した。もう一つの原因は、軍がＭＲＴＡ、次いでセンデロ・ルミノソを首尾よく追い払ったことである。毎回、ゲリラには一部の農民がつき従い、ゲリラは新しい活動の舞台で違法栽培をする人々を保護した。こうして、アマゾン地域の一三の大きな渓谷にある二〇〇以上の「秘密」滑走路を通じて、毎年五〇〇トンから六〇〇トンのコカ・ペーストの輸出が可能であった。これらの組織が行動していた主要都市や地域は、ベラビスタ、ユリマグアス、シビア、パルマパンパ、イキートス、タンボパータ渓谷（プーノとマドレ・デ・ディオス間）、北部（トンベスからチンボーテに至る）、そしておなじみのリマ（シエネギラ区）であろう。

さらに、これら「商社」の一部は、塩酸コカインの製造、そして消費国への自前の密売ルートの開設などを通じ、コロンビア人に比べ、自主独立の傾向にある。確認されている国内最大のカルテルの一つは、アマゾンの町、ティンゴ・マリア出身のカチーケ・リベラ五人兄弟のカルテルである。彼らの活動はパルマパンパ、ピチス・パルカス、プカルパ、アグァイタ、ソリージョスといったアマゾンの村から、海岸の大きな町トルヒージョ、リマ、イカまで広がっている。ＤＥＡとペルー警察によるカチーケ兄弟に対する取り締まりは、いつも事前に兄弟に知らされていた。他の組織も、同じ措置を取られていた。一九九五年一月一一日、警察は北部のピウラで、三三四三トンの塩酸コカインを押収した。それらは、「ロス・ノルテーニョス」紙によればロペス・パレデス兄弟が率いる「商社」によって扱われた。パレデス兄弟は、パブロ・エスコバルの死後、メデリン・カルテルと絶縁していた。彼らは、グアダラハラのキンテーロ・パエヤン一族のメキシコ・カルテルと連携し、コロンビアの出資者にコカ・ペーストを供給する代わりに独自の密売ルートを作り上げていた。

(4) 麻薬密売による軍の腐敗

軍は、反政府活動と戦うためにワジャガ渓谷に入ったが、徐々に麻薬のカネの強大な力で腐敗していった。軍は、特に犯罪組織と結び付き、しかも、ゲリラとの協定も受け入れるに至った。麻薬汚職というガンは、一〇年を経て、軍全体に広がった。ワジャガ地域の元司令官によると、麻薬密売人との共謀の徴候は、一九八四年八月一六日のセンデロ・ルミノソへの軍事介入から一年後に現れた。状況がだんだんと悪化した原因の一つは、兵士に食糧も支給しないのに将校たちが手当を受け取っていたことにあった。それ故に、将校たちは、麻薬で部隊の食糧補給を支えることに同意した。これにはほとんどの将校に良心の呵責はなかった。それで、軍は反破壊闘争に専念するため、一九九一年まで、麻薬と戦う仕事は警察に任せてしまった。

状況は、一九九〇年のアルベルト・フジモリ政権の登場、とりわけ一九九二年四月の強権発動の後に、さらに悪化した。軍が主要な組織基盤であったフジモリは、先任者が軍に任せていた将校の昇進という特権を初めて行使した。こうして、フジモリは、それを事実上、軍情報部（SIN）の指揮をとっていた人間、CIAとつながりがあった元将校のブラディミロ・モンテシーノスにゆだねた。キリスト教民主主義系紙「オイガ」の編集者のようなオブザーバーは、一九九二年四月の合憲クーデタについて、その計画段階では、モンテシーノスが重要な役割を演じており、そこには裏の動機があったとみている。すなわち密売と人権侵害に軍が関与していたという証拠をもみ消したのである。四月五日から一〇日にかけ、軍の特殊部隊が、裁判所に持ち込まれ国家検察局に保管されていた案件文書の約三分の一を破棄したのである。

ワジャガ渓谷で活動していた軍と密売者の共謀が白日の下にさらされたのは、一九九四年であった。特に一九九三年、軍は、サポソアからベラビスタまで約一〇〇キロメートル幅にわたる地帯で、一時は一五の密売人組織を「一つにまとめた」との情報が確認された。それは、密売人組織がゲリラに払っていた税を、それ以後は軍が受け取るようにするためであった。一九九四年一二月末に、麻薬密売人との共謀の廉で起訴され裁かれた軍人は、大部分が将校であったが、その数は一〇〇人を超えた。「軍組織の徳化」を要求したため、当時、再選を狙っていた大統領アルベルト・フジモリ政権によって退役させられた上級士官の幾人かは、麻薬の密売に関わった軍の主な責任者たちで、何も心配している様子はなかったと述べている。

これらの取引の大部分は、一九九二年以来、中部ワジャガ地方で繰り広げられてきたものである。一九九四年一月一四日コロンビアで逮捕され、ペルーに引き渡された最も重要なペルーのボスの一人、デメトリオ・チャベス・ペニャエレーラ、別名「教皇庁」の供述や、アラン・ロペス・タング大尉、リカルド・ファルコーニ大尉、エバリスト・カスティージョ少佐の起訴によって、最も確実な証拠の一つが、一九九四年一〇月三一日ギルマール・バルディビエソ・レハス大尉によってペルー議会調査委員会に提出された。ワジャガのゲリラ地帯の元総司令官エドアルド・ベリド・モラは後に駐イスラエル大使館付陸軍武官に任命されたが、彼はコカ・ペーストを略奪するためのバルサヤクでの軍巡察隊による密売人集団の虐殺「作戦」を隠していたことが確認された。トカーチェの第二六対反政府活動大隊の特殊部隊将校バルディビエソ大尉は、一九九三年四月五日に二〇〇キログラムのコカ・ペーストを所持していたセンデロ・ルミノソの協力者である「悪徳商人」を捕らえた、と語った。この「悪徳商人」は、軍大尉の一人を鋸で殺した責任も問われていた。にもかかわらず、この「悪徳商人」は、バンバマルカ軍事基地隊長のマヌエル・オルギン・ルナに八万ドルを支払って釈放された。さらに、一〇万ドルと銃、発電装置、およびソーラー・パネル二基と引き換えに、麻薬も、その「悪徳商人」に返却された。

ペルー陸軍将校の大部分は、こうして早く金持ちになれる可能性があるというので、ワジャガへの異動を希望している。それには一人の軍人では払いきれない、総額二〇〇〇ドルもの大金が動いている。それは異動候補者が一人二〇〇ドルずつ持ち寄って、一〇人でグループを作っているためである。皆でくじを引き、幸運にも選ばれた者は他の仲間に対し、少なくとも一〇〇〇ドルずつ、後で支払うことを約束した。麻薬密売に直接関与しない将校たちも、このようにして共犯者となった。

（5）戦略地政学的新情報

ペルーはコカ・ペーストの世界第一位の生産国であるが、将校たちがその取引で得たカネを自分のものにするのをみすごすことで、フジモリが軍の変わらぬ忠誠をとりつけて来たことは、明らかなように思われる。その代わりに、軍は、フジモリ候補が一九九五年四月、大統領に再選されるために、あらゆることをした。ペルーで最も権威ある週刊誌「カレータス」の論説委員は、このようなペルーの状況を、次のように指摘した。「この国の状況は、麻薬の密売が軍の中枢を堕落させるにいたり、かつ軍が政治権力に決定的に参加するようになって、いっそう複雑なものとなって来ている」。例えば、軍が、なおもワジャガで活動していたセンデロ・ルミノソの最後の闘士を根絶しなかったのは、軍にとっての黄金郷である彼らの存在を正当化しておきたかったためだった、というのが真相であろう。

現実に、センデロ・ルミノソは、非常に激しい打撃を受けた。まず一九九三年末に、歴史に残るセンデロ・ルミノソの大物、アビマエル・グスマンにより獄中から発せられた「平和」への訴えは、四五〇〇人のシンパの降伏という結果をもたらした。さらに、一九九四年四月から八月にかけて軍はゲリラに対し一連の攻撃をしかけた。活動中のセンデロ・ルミノソの一部は、アマゾンの他の地域への移動を余儀なくされ、一九九五年前半には、一九九四年に被った大敗から立ち直るために、ますます麻薬に頼るようになった。ワジャガ渓谷のみならずエネ渓谷やアプリマック渓谷でも、活動家が自らコカを植え、ある者はコカ・ペーストを集め、またある者はとうとう活動地域外での取引を担わされることになった。コカ栽培は、これまでは高地マラニョンのようなごく限られた地域のみでみられたが、ワジャガ上部支流のいくつかの渓谷では、コカ栽培面積が四〇〇パーセントも増加した。違法栽培拡大のもう一つの原因は、毛沢東主義者の反体制活動と闘うために創設された農民自衛軍（ロンダス・カンペシーナス）と関係がある。これは、四〇〇ヘクタールのコカ栽培とコカ葉をコカ・ペーストに加工することで生活している農民二万人を武装させたものである。軍は、この地域に不法に導入された合成麻薬にも課税して徴収している。コカ葉の販売が一つの渓谷だけで二億ドルに上る一方、アメリカ、国連国際薬物統制計画（ＰＮＵＣＩＤ）、米州開発銀行、およびペルー政府の出資は五〇〇〇万ドルにも満たない。国側からの現状に終止符を打つ試みは、確実に地方での反乱の引き金となったのである。

しかしながら、一九九五年後半におけるコロンビアのカリ・カルテル仲間の逮捕とその降伏で、ペルーでのコカ葉とコカ・ペーストの価格はそれぞれ一〇分の一から七分の一にまで下落した。このような状況が加工業者・輸出業者間の競争を拡大させることになった。センデロ・ルミノソ集団は、組織的で規律正しい兵士を抱えており、危機に耐え、かつマフィアに牛耳られつつあった市場でのシェアを獲得するには絶好の地位にあったのである。

2　アフガニスタン――麻薬、地域紛争、および局地紛争

(1) 戦争とアヘン

この一五年間にわたるアフガニスタンのアヘン栽培史は、まさに紛争と麻薬生産との関係を示す見本といえる。

一九七九年における共産主義勢力の権力掌握以前、政府は、六つの州の比較的近づき難い地域に限られていたケシ栽培を抑制していた。アヘンは、特にバダフシャンのイスマイル派の人々により伝統的に吸引されていた。高山地帯では、ケシは二八〇〇メートルの高地にまで生育する唯一の植物であり、そこでは、ケシを他の副産物として利用していた。すなわち種子は食用油や石鹸用の油に、茎は植物性染料に、そして藁は家畜飼料になった。こうして、アヘンの年間生産（二〇〇トンないし四〇〇トン）のごく一部が、吸引やヘロインへの加工のためイランとトルコに輸出されていた。

まず、生産の大きな拡大をもたらしたのは、一〇年間の戦争であった。ヘルマンドのムラーで戦争指導者のナシム・アクンザーダは、一九八一年に、次のように言明した。「ケシは、ソ連軍とカブールにいる彼らの従僕どもに対する聖戦の財源として栽培されるべきである。」しかし、実際は、ム

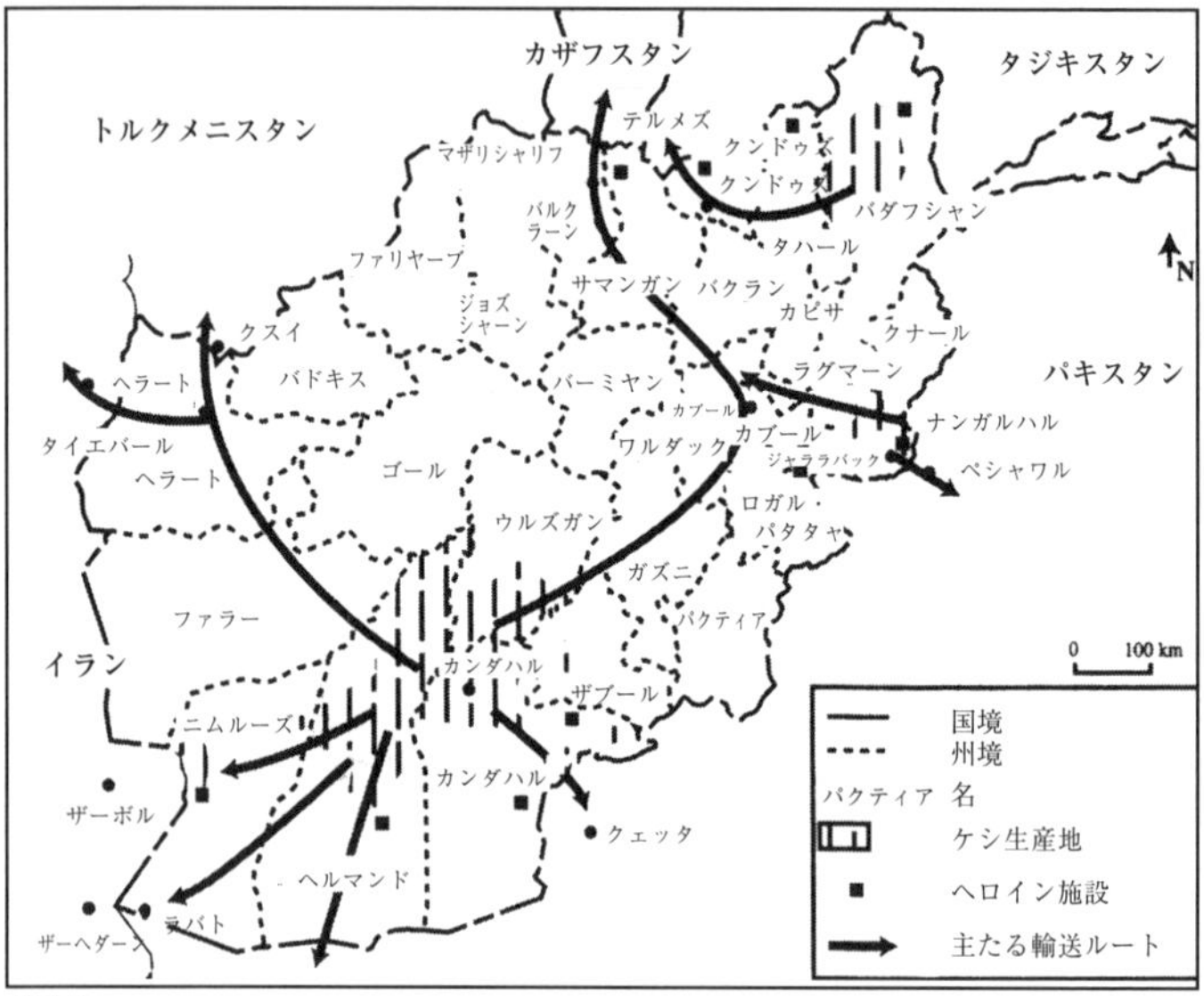

（出所） OGD, *Géopolitique des drogues* 1995, La Découverte, Paris 1995.

図 アフガニスタンのアヘン生産と麻薬密売ルート

ジャヒディン［イスラム戦士］軍の必需品のためというよりは、中央政府の国土統治能力の欠如が原因で、違法栽培が拡がった。共産主義体制に抵抗する人々は、麻薬のカネで兵器を手に入れる必要がないように、実際上十分な量の兵器を受けとっていた。一九八〇年代半ばの生産農家のアヘン収入は二〇〇〇万ドルでしかなかったのに、ムジャヒディンは毎年二億五〇〇〇万ドルを受け取っていたと、経済学者ドリス・ブッデンベルクは推定している。しかも、アフガニスタンの密売人や彼らへ出資しているパキスタン人たちは何の束縛も受けずに活動できた。ＣＩＡから委託されてムジャヒディンへの武器引き渡しを独占していたパキスタン軍情報機関「インターサービス・インテリジェンス」は、パキスタンの部族地域で生産されたアヘンの一部をヘロインに加工することを保証し、生産の拡大を促した。この密売で得られた利益は、特に北東部のパンジャブとカシミールでインド統治に対するシーク教徒の反乱のために用いられた。

戦争と収穫物に対する政府軍機の徹底的な爆撃のせいで、可耕地面積は次第に減少し、アフガニスタンの農民は、山岳乾燥地帯の狭い畑を利用して、かろうじて栽培を続けるしかなかった。まもなく、司令官の幾人かが、生産物に課税することで利益が得られることに気付いた。それは、ヘルマンドをみれば明らかで、そこではアヘンを生産する地域のほとんどがハラカートの司令官でムラーのアクンザーダ一族によって管理されており、彼らは、アヘン収穫の一〇パーセントを「イスラム税」として徴収し、しかもケシを自らの土地で栽培させていた。さらに、アクンザーダ一族は、その勢力圏にヘロイン製造所を設置していたとみられている。一方、グルブディン・ヘクマティアルのヘブズ・エ・イスラミ［イスラム戦線］は、アフガニスタン南西端に位置する町ラバト・エ・ジェリから、イランとパキスタンの国境にまたがって密売に関与していたとみられる。麻薬は、ヘルマンドの司令官の一人アブドル・ラーマンによって、その地まで発送されていたようである。ラーマンは、いくつかの地域の統治をめぐって何度かアクンザーダに激しい戦いをしかけた。それらの戦闘は、しばしばアヘン収穫時に起こされたのである。

(2) 戦争難民と軍の支配者

ソ連人が去って（一九八九年）、カブールにイスラム政府が樹立された（一九九二年）頃から、麻薬の生産は急激に広がった。この状況をもたらした第一の要因は経済的なものである。戦闘の終焉によって、農民は土地の開拓に再び取り組むことができるようになった。しかし、インフラ（特に灌漑用水路カレーズ）が破壊され、立ち往生していた農民たちにとり、栽培しやすく付加価値の高いケシの生産は、この上なく有利に思えた。特に一九八九年からは、難民らが、国土に帰還し始めた。一九九五年初頭に、パキスタンを去った難民は一五〇万人に上った。キャンプで実施された諸々の調査によると、直ちに家を再築したい難民の三〇パーセントがアヘンをその手段にしようと考えていた。このような事情から、住民たちはもはや共産主義者と戦わないですむと思い、アフガニスタンに無関心になっていった西側諸国も、違法生産の拡大に重い責任を感じた。例えば、戦争前にケシ栽培が定着していたクナル州では、ここ数年、一定割合で栽培面積が減少していった。さらに、クナル州は、フランスの農村経済援助隊（ＭＡＤＥＲＡ）のような非政府組織が実施した計画によって、欧州連合（ＥＵ）、国連開発計画（ＵＮＤＰ）、および複数の西側諸国から大規模援助を受けていた。一九九一年のクナル州への当該援助は一〇〇〇万ドルにも上り、これに対し最も主要な生産地域であるナンガルハルへの援助は四〇〇万ドル、ヘルマンドへの援助は五〇万ドルであった。

アヘンとヘロインの生産増加のもう一つの要因は、大国の撤退と関係があった。一九九一年秋、ロシアとの協定によってアメリカが武器の供給を停止したため、数人の司令官があたかもそれに対して自分達の身を守ることを望んだかのように行われた。だが、この一〇月と一一月は、ちょうど春に収穫するケシの種を蒔く時期であった。農民は、栽培面積の拡大を、軍司令官から促されていたようである。絶え間なく増産される麻薬を国境を越えてパキスタンの部族の住む地域にある密造所まで運ぶ代わりに、一部をアフガニスタン内で加工することで、軍司令官たちのドル箱もふくらんでいった。未公表の国連国際薬物統制計画（ＰＮＵＣＩＤ）報告によると、ケシ栽培は一九九四年春には八万ヘクタールに上っており、その栽培からは、三二〇〇トンないし三三〇〇トンのアヘンの収穫（それにより三二〇トンないし三三〇トンのヘロインが製造される）が可能であった。アフガニスタンの二つの主要生産地はナンガルハル州とヘルマンド州で、それぞれ一五〇〇トンに上り、その生産高はビルマ（アメリカが公表した数値によると、一九九三年から一九九四年には二六〇〇トンから二八〇〇トンである）の上位に位置付けられる、これらの数値が明らかにされると、現地司令官と［新たにアフガニスタンを押えた］タリバン（イスラム神学生）の組織は違法栽培の撲滅運動をする、と断言した。しかし、程なく農民にとり死活問題であることがわかり、双方とも反対論にとどめておくことを余儀なくされた。それでも一部の農家は、弾圧を恐れて一九九五年には種蒔きを思いとどまった。しかし、強制的な措置がなかったので、農民は、翌年にはケシ栽培を再開したとみられる。

この地域の麻薬地政学に生じた変化のもう一つの要素は、ヘロイン製造に必要な無水酢酸の密輸出に対して、イランとその国境沿い、そしてインドに、監視網が設けられたことであった。したがって、密売人は、アフガニスタン東部の密造所をタジキスタン、ウズベキスタン、およびトルクメニスタンの国境沿いの侵入しやすい北部地方に移した。そこでは、旧ソ連からの化学製品の入手が容易であった。そこから、麻薬は、独立国家共同体の共和国を経由して、ヨーロッパへ運ばれた。

第5章　バルカン、コーカサス、および中央アジアの「新しい紛争」における麻薬

1　ビルマ型の民主化

(1) 陸上の大海

第二次世界大戦後、麻薬は、大国が所有する秘密兵器の一つとなった。ソビエト帝国の分裂による紛争の増大は、東・西二つの陣営が地域の同盟国に行って来た援助に代わりうる新たな重要性を、麻薬に与えた。そこで、紛争は大きな自立性を手にすることができた。麻薬は、こうして、外交的圧力の道具、領土分散の要因、中央権力の弱体化の一原因となり、そしてついには戦争目的の一つとなった。

この変化の理由は様々である。ソ連共産主義の崩壊以後、東・西間の国境の警戒も、もはや厳重ではなくなった。ヨーロッパから日本へ、さらにはアメリカへとつながるルートは、それ以降は、

独立国家共同体の領土を経由している。キルギス大統領アスカル・アカエフによれば、伝統的なシルクロードは「麻薬の道」となり、アジア全体と世界の他の地域とを結び付けている。中央アジアと東南アジアは、ウラルからカムチャッカに至る「ロシアの空白部」を利用することで、インド洋と太平洋を経由しないですんでいる。ロシアとその旧衛星国は、あらゆるルートの交差点となって、大陸間の接触を密にしている。イオニア海からバトゥミ湾に至る、民族、宗教、そして国境の対立は、今日、まさに高まっているが、麻薬がこれらの紛争に糧を与え、時には活発化させているのである。

(2) るつぼと交差点

ロシアと旧ソ連の歴史をみると、麻薬にまつわる現象と他の諸要因との関係がわかる。例えば、ツァーや共産主義権力によって、「処罰された」人々の移動の歴史などがそれである。ロシア帝国は、集団移住した少数民族、様々な離散民、政治難民、伝統的自治、そして昔からの非合法ルートが混在する空間である。民族、文化、および文明はお互いに接触し合い、旧帝国の境界線の内外を結んでいる。麻薬ルートは、ロシアだけの責任ではない。イラン、トルコ、パキスタン、そしてアフガニスタンのような他の国々も、麻薬に関与してきた長い伝統があり、例えば、レバノンのヒズボラのように、麻薬によって資金調達をしながら、それを西欧諸国に対する「最後の武器」として用いるための密売ルートをそもそもつくり出してきたのである。このようにして、ロシアの密売ルートは、トルコとレバノンの既存ルートにつなぎ合わされて、バルカンとコーカサスを麻薬の新しい供給国および消費国と旧帝国との接点にしたのである。

2 アルバニア――伝統的一族と経済封鎖

(1) 争われる国境

アルバニアは、通商を禁止されていた、セルビア・モンテネグロとギリシヤ側のマケドニアと隣接していて、これら二カ国とは、一九九五年九月に協定を結んでいた。アルバニアは、非合法活動の集中する国イタリアと海を挟んで接し、まさに地中海の中心に位置している。その政治体制は非常に不安定であり、少なくとも七世紀以来、権力を司る一族（伝統的一族）が幅をきかせてきた。その地政学的環境を利用して、アルバニアのマフィア（特にコソボ人の成れの果てのマフィア）は、ヨーロッパ市場に喰い込むため、ロシア南部、ウクライナ、および黒海を使うコーカサスの密売ルートに積極的にかかわっていた。マフィアは、経済封鎖に乗じて、ヨーロッパ、特に中欧でイタリアのマフィアと提携している。トルコやコーカサスからの麻薬は従来のバルカンルートを免税で通過して入ってきている。その麻薬は、マケドニア・新ユーゴスラビア国境が厳重に封鎖されてからは、アルバニアへ迂回した。

ボスニア紛争のおかげで、アルバニアのマフィアは、マケドニアの現地勢力の「了解」をとりつけることができた。このボスニア紛争は、マケドニアのイスラム教徒アルバニア人にとって、まさに「大セルビア」に抵抗する戦争という様相を呈していた。アルバニアも、国境の対岸から目をつぶった。そこでは、チラナ当局が、コソボの反乱を予想して、あらかじめアルバニア人の活動に了解を与えていた。セルビアの圧力行使は、アルバニア人が人口の八五パーセント以上を占める旧ユーゴスラビアのコソボ自治州にとり、破滅的な結果を招いた。チトーにより付与された自治が奪われ、そのアルバニア人は、すべての経済・社会活動の枠外におかれ、かつ国内の人口の三分の一にもあたる、外国に離散した同胞の支援によってしか生き延びられなくなった。

(2) ディアスポラ〔離散民〕と密売

スイス、アメリカ、およびドイツに移っていったアルバニア人集団は、緊急に共同体の流動資金を作る必要にせまられ、しかもほとんど常に地下銀行組織を通さねばならないので、ただちに、ヘロインの輸送と配給に着手した。これらのネットワークは、多くの場合、ずっと以前から根付いていた現地のトルコ人マフィアを排除して、それに代るものであった。

アルバニア人には、そのための二つの切り札があった。第一は、ヘロインのコーカサス市場での展開（精製所と免税通過）で、主にトルコのマフィアと張り合っているグルジアとアルメニアのマ

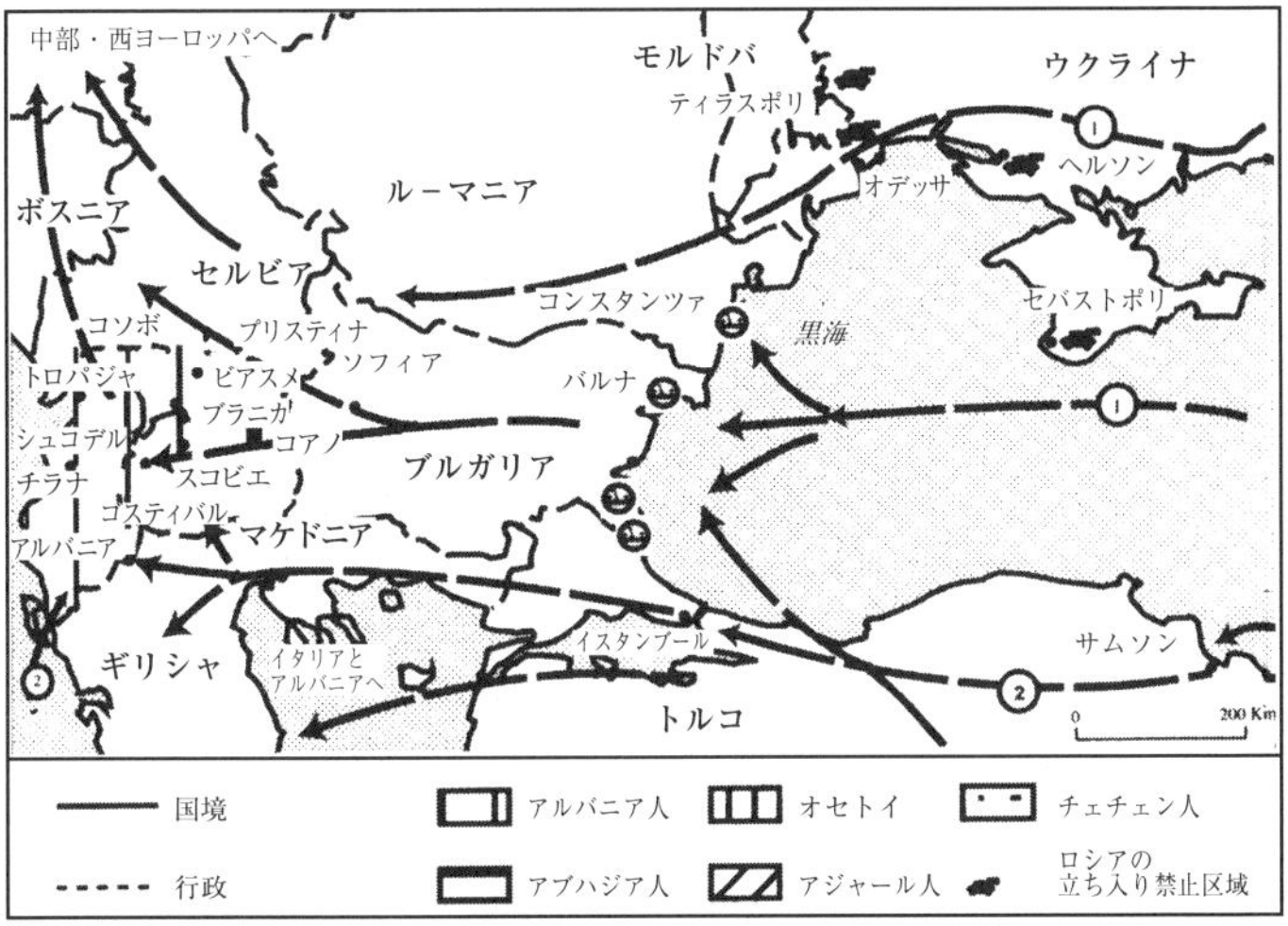

図　麻薬ルート

（出所）OGD, *Géopolitique des drogues 1995*, La Découverte, Paris 1995.

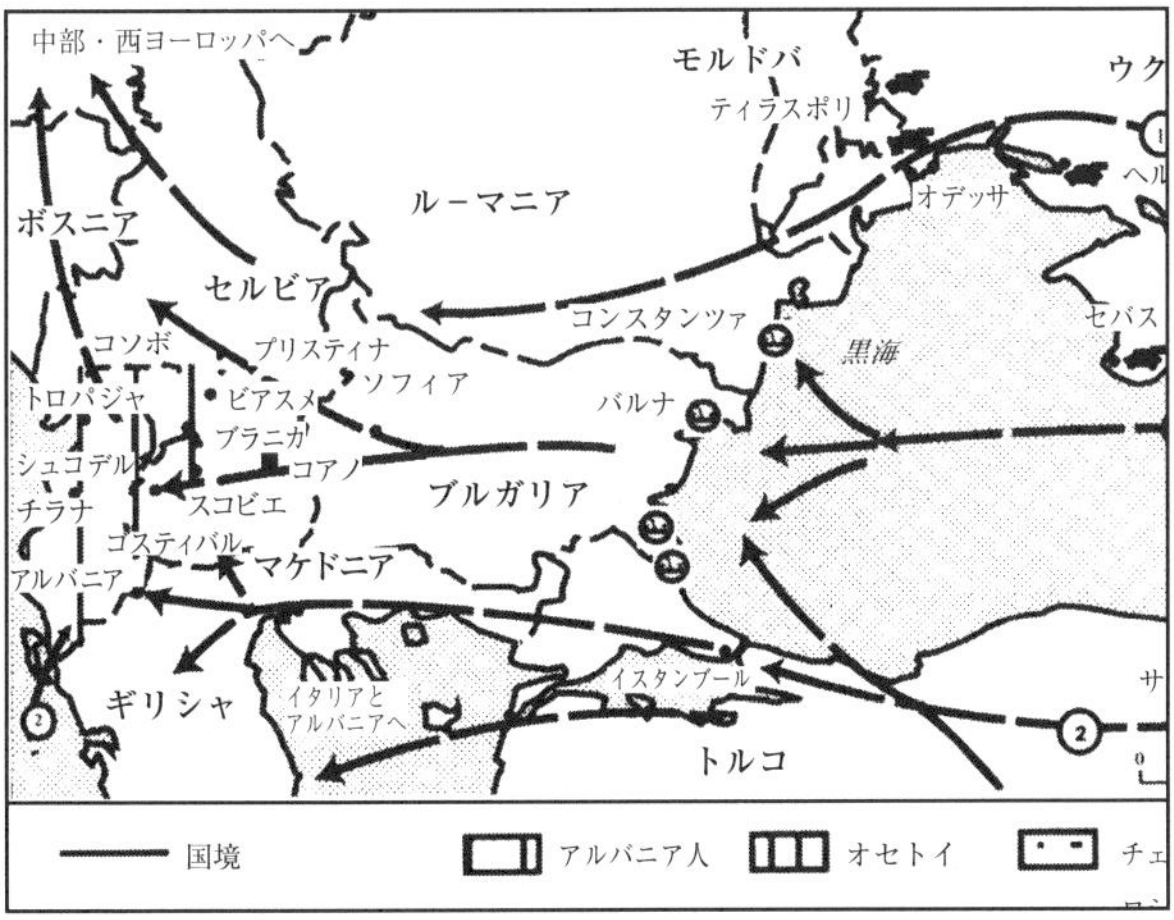

図　中央アジアからバルカンへ

（出所）OGD, *Géopolitique des drogues 1995*, La Découverte, Paris 1995.

フィアの手に握られていた。第二は、兵器を直接麻薬で支払うということである。さらなる要素が、彼らにとって有利に働いた。それは、外国人排斥運動の高まりであり、（ヘロインの主要な市場の一つの）ドイツでは、すべてのトルコ人がその犠牲となっており、彼らは、頭から密売に従事していると疑われていて、密売活動の自由は極度に制限された。こうして、最近ドイツでつくられたアルバニア人ネットワークは、クロアチア人の仲介人を雇い、自由に活動している。

（3）「大アルバニア」のための麻薬と兵器——外交上の要請

現地では、周知の大規模な密売が、どうして国際メディアにほとんど載らないのか、われわれは疑問に思わなければならない。その沈黙は、おそらく「大アルバニア」計画のためで、そこでの密売は、基本的には戦略地政学的な尺度で見ることができる。同様に、世界は、アルバニア向けの国際人道援助の大部分が直接コソボに送られていることも見て見ぬふりをしている。公的には、チラナは、コソボでの非常に広範な自治を要請しているものの、セルビアの非妥協性がその解決を不可能にしていることを、アルバニア人は知らないはずはない。

米国務省にしても、バルカンの戦争は、実際には、より広大な地域、特にイスラム教徒が多数住む旧ソ連の共和国を巻き込む実験室的な戦争である、とみている。バルカンの同胞の惨敗は、旧ソ連の共和国をイラン型教条主義へと導く可能性がある。この論法は、アメリカの当該地域への自主的な介入を正当化し、アドリア海において大規模なイスラム勢力圏がつくられることになった時、ヨーロッパの影響力を弱めることしかない。この地域に唯一派遣されている米軍は自らの司令官の下に国連スカンジナビア軍と「重り合って」、マケドニアに駐留している。これらの海兵隊員と情報機関の要員は、ほとんどすべてがレバノンの「特殊部隊」出身で、最初は三〇〇人だけであったが、一将校の証言によれば、「より多くの兵士にアルバニアを理解させるため」に交代を繰り返してきた。彼らは、今日、二二五〇人にも上る。アメリカ政府は、バルカンでの欧州同盟体諸国の無能さを見越して、セルビアの野心の歯止めとなる「大アルバニア」構築支援の可能性をもはや捨て去ることはない。アメリカ・アルバニア間で防衛協定が調印され、その中には軍事物資の売却と援助、専門家の参加などがとりあげられている。コソボでは、麻薬の密売が兵器の密売の二倍となっており、地政学的展望や不安に備えている。この地方の住民はセルビア人の人質となっているが、一方、マフィアの最良の伝統の下で彼らを保護していると信じている現地ボスの人質でもある。国連保護軍（FORPRONU）の将校が語ったように、「兵器、ヘロイン、そして汚れたカネは、この地を麻薬の新しい中継地に変えた」といえる。

3　コーカサス――現地の実態

(1) 分裂したグルジア

コーカサス諸国は、ロシアとトルコの間に挟まれ、これまで常に従属を強いられて来た。このかつての二大帝国は、今だに重要な石油生産の中心であって、それだけに地政学的にも極めて大切なこの地域の覇権をめぐり争ってきた。モスクワは、独立国家共同体の枠内にアゼルバイジャン、アルメニア、およびグルジアをとどめておくため、少数民族の自治主義、国境紛争、国家主義者の対立を煽るのをためらわなかった。これらの国々の内部から発生する要因（少数民族の紛争、国境紛争、ナショナリズム、歴史的重圧と怨恨）がモスクワの仕事をやりやすくした。しかし、これらすべての要因は、同時に麻薬市場の拡大も引き起こした。コーカサスは、中央アジアと従来の麻薬ルート（トルクメニスタン、イラン）の近くに位置し、紛争当事者たちは、資金拠出のために最後は麻薬取引にも手を出した。このようにして、彼らは、社会の大部分を「犯罪化」させてしまった。

グルジアは、独立初期（一九九一年）に、ミングレリ（グルジア西部）から選出された大統領ズビアド・ガムサフルディアとシュワルナゼを取り巻く勢力間の内戦を経験した。大統領と決着をつけるため、元ソ連外相でＫＧＢ責任者であったシュワルナゼは、二人の軍の権力者と手を結んだ。その一人はトルコ語を話すアジャリア自治共和国人指導者のグラム・ヤブセンゼであった。もう一人は前科者で、民兵の百人組隊長であったイオセリアニであった。これによりトルコとの国境沿いのアジャリア自治共和国とそのバトゥミ港は、「グルジア共和国の主都」トビリシの支配を脱した。一方、イオセリアニは、暫時、グルジアの副首相になり、もう一人の軍の権力者テンギズ・ティトバニとともに国土を共有していた。内戦に続く一九九二年、グルジア北西部のアブハジア人が、ロシア人とカザフ人から秘かに支援を受け、さらにチェチェン人、オセット人、イングーシ人の肩入れを受けて、グルジア第二の港スフミを占領し切り離してしまった「グルジアのアブハジア自治共和国」。ロシアとグルジアのこれらの主要少数民族は、このようにして両国の国境沿いに自治共和国や独立の共和国を形成した。シュワルナゼがグルジアの独立国家共同体への復帰を承認すると、内戦は収まった。内戦を通じて駐留していたロシア軍は、それ以降、現状を保証している。しかし、マフィアの集団と軍の権力者がトビリシを支配し、一方、グルジアのもう一つの重要な港スフミは、アブハジア人の独立主義者とその支援者の手に落ちている。バトゥミとスフミは、今日、まったく罰せられることもなく麻薬、兵器、そして石油を免税で通過させており、まるで「自由港」のようである。

(2) アルメニアと麻薬および石油の「大きな賭け」

グルジア以上に経済的混乱状態にあったアルメニアは、カラバフ高地の飛地支配をめぐってアゼルバイジャンに異議を唱え、戦いを挑んで、疲弊した。「カラバフ高地の自衛軍」は、カラバフ自体よりも広いアルメニアと自分たちとを結ぶ「通路」を押えた。しかし、一九九四年のモスクワで、数人のアルメニア人のヘロイン密売人が逮捕されたことから、エレバンでもカラバフ高地の英雄の一人が逮捕され、麻薬の資金調達による国家の不安定化に関与してきた廉で、アルメニアの最も古いダシュナク党も活動停止となった。チェチェンにみられるように、麻薬は、それ以降、まさに地政学的シナリオの一部となり、真の争点である石油支配に背後から役立っている。現に、麻薬が、バクーからアルメニア、そしてトルコを横断するパイプラインの建設計画を妨げている。この計画の実現には、民族主義者の声を封じ、かつ国境紛争とゲリラ戦を互いに終結させねばならない。それで、一年のうちに、チェチェン（パイプラインが通過している）、クルディスタン、そしてカラバフは、ある者にとっては平定すべき地域、他の者にとっては絶やしてはならない「火種」となった。その間にも、アルメニア・イラン国境のメグリ地方では、ヘロインがアルメニア人失地回復主義者とＰＫＫ（クルド労働者党）間の新たな結束を固めながら、浸透し続けている。

(3) アゼルバイジャン——中央アジアの鍵

バクーは、アゼルバイジャンの首都で、石油生産の一大中心地であり（それで、モスクワは、フセイノフ・エルチベイを追い払い、ガイダル・アリエフを復帰させるため、グルジアでの筋書きと同じ工作シナリオをバクーにも適用した）、トルクメニスタンやアフガニスタンから来たモルヒネの原料が精製されている。しかも、一九九〇年代初め以来、密造所とは別に、「輸出」向けの合成麻薬（アンフェタミン誘導体と合成アヘン）を生産する化学産業が出現した。将来、トルコ経由でパイプラインを開設するというアゼルバイジャン大統領の選択は、再びロシア当局を苛立たせた。このようにして、違法な強権発動やクーデタが相次ぎ、一方、アゼルバイジャンの国家の要職を支配して対立する氏族は、まさに政治的手段として麻薬密売の糾弾を掲げている。しかも、麻薬は、アゼルバイジャンのすべての氏族、特にアリエフ大統領の出身地である飛地ナヒチェバンの氏族の軍備と食料供給に役立っている。そのうえ、麻薬は、アゼルバイジャンにとって、イランやトルコとの関係において、地政学的に外交的に一つの争点になっている。なぜなら、麻薬は、高地カラバフの紛争におけるアルメニアとアゼルバイジャンの「軍閥」の活動と同様に、ＰＫＫゲリラ、そしてトルコとアゼルバイジャンの「パン・トルコ」組織、灰色の狼の資金源にもなっているからである。

(4) チェチェン――「罰せられた」国

チェチェン人は、麻薬密売人であると同時に、長い間、ロシア帝政下での同化政策に抵抗し、自らの独立に非常に執着してきた伝統的な戦士である。彼らは、幾度か強制的に移動させられ、その最後はドイツ人とのいわゆる「協力」に対する罰としてスターリンが決定したものだが、こうして、彼らは、シベリアからアフガニスタン国境に至る旧ソ連のあらゆる地域に、まとまった共同体の形で分散して移住した。モスクワとサンクトペテルブルクだけでなく、旧衛星国の首都であれ、ドイツであれ、チェチェン人がマフィアの仲立ちを手助けしていたことは疑いない。彼らは、中東（トルコ、ヨルダン、シリア）でも、重要な共同体を構成している。モスクワにとっては、ロシアでのマフィアの活動の責任を彼らだけに押しつけ、スケープゴートにできるという利点があった。こうして、独立志向のチェチェンは、ボリス・エリツィンの顧問バシリ・コノネスコの言によれば、「あらゆる非合法な経済活動のかなめで野放しの犯罪地帯」となった。それで、チェチェンへのロシアの介入は「密売の巣の一掃」として正当化されて来た。現にロシアによってグルジアを「屈服させる」ためのアブハジア人の補充兵として利用された後、今度は、チェチェン人がきわめて周到に計画されたコーカサスの指導権奪回のために犠牲者となった。（国家機関の執行部とロシア軍の「チェチェンの密売」への関与を隠そうとする見えすいた）この自治共和国へのロシアの介入は、今後、二つの帰結をもたらすであろう。当然に武装して一定の調達を確保しようとする際限のないゲリラ活動、そして以前から実戦訓練を積んだチェチェン人マフィアとの連携を強化している民族主義者義勇軍による市民の参加取り込みである。

（5）継続する無秩序

旧ソ連諸国の土地空間の無秩序から、新しい権力構造、新しい価値、そして無視できない亀裂が生じつつある。現下の嵐にみまわれた独立国家共同体の人民と国家の存続、西側の消費行動との接触、地政学的位置、さらに紛争自体が急速にご都合主義的態度や反応を生み出し、成り金の特権階級、軍の権力者、なおかつ密売人国家さえもつくりつつある。こうして形成された犯罪組織は、それ以後、彼らの活動空間を越えて彼らの特権や世界観を輸出し、他国のインフラを予備知識もないまま、損なっている。このように、ロシア人マフィアは、かなり高いレベルで、アメリカ、トルコ、あるいはイスラエルと同様に、様々な国の安全保障、外交、および政策に影響を与えているのである。

「イスラエル、ソ連のユダヤ人——政策の争点と密売」

『国際麻薬公報』第四七号、一九九五年九月。

中央アジア、独立国家共同体の大都市、トルコ、およびイスラエル間の絶え間ない往来は、イスラエルの高官たちを不安に陥れ、その結果、彼らは旧ソ連に発する犯罪と闘うために専門の警察隊の設立を決定し、かつイスラエル警察相モシェ・シャハルはロシア人マフィア撲滅のための国際センターをイスラエルに設置することも計画している。「エディオット・アーロノット」紙によれば、地中海二四カ国の警察相は、イスラエルと外交関係がない諸国（アルジェリア、リビア）とも協力して、ガリラヤに設置され、国際連合の支援下に機能する情報センターに対し決定を下すことになった。このセンターは、麻薬密売人、マネーロンダリング、貨幣の偽造、そして国際テロリズムの撲滅を目指して、イスラエル、フランス、英国、エジプト、およびアメリカの特別専門家により運営されている。旅客の移動は、家族的な麻薬密売の基盤になっていて、あちこちにみられる。例えば、ハイファ在住のサマルカンド出身の靴屋がＯＧＤの特派員に語ったところによると、彼は〇・五キロのヘロインをイスラエルでさばいたカネで靴の工房を建てた。彼は、その後は、麻薬との接触はいっさいない、と断言している。テルアビブとエルサレムのような大都会はもとより、都心ハイファの港でも、ヘロインの服用量（三分の一グラム）の交渉価格は一〇〇シェケルと三〇〇シェケルの幅で、極端に変動している。人々が独立共同体のユダヤ人と呼ぶ「ロシア人」によって引き起こされている問題は、統制不能な規模に及んでいるようにみえる。最も恵まれない環境にいる者は五〇万人をはるかに超え、彼らは、まさに国家内国家を形成している。これらの共同体は、ロシア語で一〇を超える新聞と雑誌を発行し、そしてロシア、コーカサス、中央アジアでは、よく知られた犯罪行為で資金を集めている。数年間で、この共同体はイスラエルの外貨準備高を二倍以上にし、かつ政党設立の準備までしている。宗教的に過激思想の小政党が一握りの当選者で大きな権力を持つということができるような、これまでのイスラエルの比例代表制の下では、「ロシア党」の創設というイスラエル社会にとっての大問題も生じるかもしれない。

第6章　南北関係と麻薬

1　麻薬の国際政策の歴史におけるアメリカの役割

(1) アメリカと禁止の起源

代替開発計画の設置は、最近、北の国々によって先導されている麻薬撲滅運動の一側面にはとどまらない。他の分野と同様に、アメリカは、協調政策や相互協力機構を通じた代替政策の分野で決定的役割を演じてきた。したがって、麻薬生産との闘いにおけるアメリカの役割の歴史の中で代替開発を振り返ってみたい。

ヨーロッパの伝統的アプローチとは明らかに異なるアメリカの地政学は、フランソワ-グザビエ・ドュドウエによると、「経済的・軍事的占有と同様に、空間のイデオロギー的占有にも立脚している」。そのイデオロギー的占有は、しばしば他の占有に先立っているといえる。この点についてアメリカの麻薬政策で象徴的なのは、まず麻薬地帯に経済・軍事介入をする前に、禁止という彼らの命題に世界中が賛同するよう努力をすることである。禁止とそれにまつわるエピソードの起源は、一九世紀末のアメリカに溯る。西海岸の中国人移民の深刻なアヘン中毒症に直面して、一八七五年以降、多くの州で燻蒸アヘンの使用を規制した最初の法律を採択し制定した。「外国の毒」という麻薬のイメージが、すぐに広まった。清教徒の活動、センセーショナルな出版物、そして推理小説の連載などで、このことがとりあげられ、「黄厄」の幻想に始まって、今日もなお作用しているアヘンの「悪魔化」にまで発展した。アヘンは、生活態度を堕落させ、文明の根幹を脅かす外来の危険物として認識された。このような努力の結果、一九〇六年にアヘンの使用を規制する最初の連邦法「純粋な食品と薬物に関する条例」が制定された。

(2) 国際会議と条約

麻薬の禁止という国際観念の誕生は、一九〇九年の上海会議と一九一二年のハーグ会議にさかのぼる。アメリカの主導下に招集され、中国の支持で開催された上海会議では、これら二カ国と、アジアにおけるアヘン（最近ではモルヒネ）取引を独占していた西欧諸国との対立がみられた。麻薬という口実の背後に、アメリカの指導者は、少なくとも二つの目的を持っていた。一つは、中国との同盟を足掛かりにアジアへ根を下ろし、同時に国際舞台へ華々しく登場するということであった。もう一つは、国内の清教徒運動を味方につけ、さらに、アメリカ人としては、面と向かってヨーロッパ人を縮み上がらせたかった。つまり、ヨーロッパ人は、実際には、アヘン取引を独占できず、かつ本国での使用を禁止できずにいた。たとえ、上海会議が原則を宣言するだけにとどまったとしても、この会議で、少なくとも麻薬の禁止に向けた国際合意への道が開かれた。拡大していくアメリカの力が徐々にこの話題を現実のものにしていった。こうして、アメリカは、麻薬問題に関して無視できない交渉相手となっていた。オリビエ・ブルエによれば、上海会議は、より一般的なやり方で、現代外交の端緒となった。「そこでは、二つの重要な概念が現れた。多数国の参加と世論による民主主義的監視である。」これらの概念の正しさが立証されるかどうかは注目に値するところであるが、それらは、まさにアメリカが二〇世紀を通じて用いてきたものであった。諸々の機構、すなわち国際連盟（SDN）、国際連合（ONU）、関税と貿易に関する一般協定（GATT）の創設や機能を通じて、アメリカ人は、基本的な役割を演じてきた。多数国の参加は、たとえそれがしばしば両陣営の関係（冷戦）を覆い隠すとしても、あえて駆け引きを暴くより、むしろ大規模な会議のただ中で「事態を紛糾させて相手が疲れるのを待ち」、第三者の国々を操れるという長所があった。もっと素直な見方をすれば、多数国参加こそ、世界的規模での相互依存の拡大の兆しであると考えることもできる。ともかく、国際的麻薬禁止の緊急性が、一九世紀の「内々にあらかじめ結論が出されていた」外交に対し、きわめて公的な性格を持つ国際会議を上手に活用した現代の外交システムにただちに取り入れられたことは、興味深いことである。

（3）麻薬戦争と介入主義

両大戦期におけるアメリカの単独主義による「意識の空白」にもかかわらず、アメリカは、第二次世界大戦末以来、麻薬と闘う国際政治に介入した。アメリカは普遍的なやり方で自らの考えを認めさせるため、改めて国際連合の中で多数国に訴えた。その成果は、様々な決議や協定となって現れ、段々と厳しく制限を加えたものになっていくことになる。しかし、アメリカ人が麻薬禁止の世界的認知をうまく成立させても、具体的には何の進展もないままであった。例えば、一九六一年にはアフガニスタンやイランのような国々の反対で、生産国に対し、禁輸といった厳しい措置をとれなかった。これらの失敗の繰り返しから、アメリカは、麻薬という名目に関してのみ（国境を超えて強制手段に訴えられないため）介入政策を展開させるようになった。このようなわけで、アメリカは、ケシ栽培の根絶のため、一九七〇年代初めにトルコに圧力をかけた。さらに、アメリカは、一九八〇年代に入ると、ラテンアメリカに大々的に介入した。

アメリカは国際連合から委任されないまま、かつて自らが広めた麻薬に関する優勢な考え方を利用して、一九八九年のパナマの場合のように、それ以降、外国への介入を正当化させた。一九八八年のウィーン協定以来、アメリカは、国際連合という手段を少しく見限ってきたようである。おそらく、国際連合旗の下で彼らの政策を実行させてくれるような協定が結ばれる見込みはないとみて、一九九〇年には、事実上すべての西側諸国を集めたダブリン・グループといわれるものを創設した。この公的機関の目的は、国際連合と組むよりももっと具体的な成果を得るため、麻薬という領域で「危険な」国家に直接圧力を行使するということであった。麻薬に関するアメリカの外交から転身したこの組織は、国際観念の合意はすでに得られたものとして、もはや気にかけてはいないのである。

2　代替開発の経済上・戦略上の目的

(1) 代替開発の配置

麻薬の供給と闘うという戦略的枠組みの中で、一九八〇年代半ばまで、第三世界で生産された麻薬の主要な消費国であった豊かな国々は、コカ、ケシ、および大麻の違法栽培を、合法生産と総合開発計画に「置き換える」ことを試みた。これらの提案に続いたのは、二〇世紀後半の麻薬消費ブームであって、一九六〇年代後半における体制批判の運動に挑発されたもの（幻覚薬やマリファナ）や、ベトナム戦争に起因するもの（ヘロイン）がみられた。さらに、最初の計画が策定されたのは、ベトナム戦争、東南アジアにおける共産主義者の反乱、あるいはペルーのゲリラ、センデロ・ルミノソの出現時のように、紛争の最中であったことは注目に値する。これらの計画は、二国間または多国間の協力によって行われ、アメリカのような資金供出国の地域戦略地政学の一部であった。しかも、代替開発計画に係わる第三世界諸国は、徐々に国内の地政学的目的からこの計画を利用するようになった。それは、例えば、ほとんど入り込めない領地とそこに住む少数民族の支配のためであった。

これらの計画の最も古いものとしては、一九六九年以降、タイ北部の部族地帯（山岳部族）に対しプミポン国王によって配置され、出資されたもの、そして続く一九七二年の同地帯における「タイ国連高地農業市場調査生産計画」、および「タイ・オーストラリア高地農業計画」（一九七二―一九七九年）と命名された「麻薬濫用防止国連基金（FNULAD）」の計画があげられる。一九七九年にアフガニスタン紛争が始まったとき、FNULADがパキスタンに隣接する地域のスワート渓谷のブネー計画に従事した。一九八三年以来、アメリカは、センデロ・ルミノソが侵入を企てていたペルーのワジャガ渓谷にCORAH計画とPEAH計画を展開した。これらの試みは、一九八〇年代半ばに、国際連合の指揮下に（ボリビアのアグロ・ユンガス、ペルーのCODEVA、コロンビアのカウカ計画やシエラ・ネバダ計画、ビルマ国境の開発、パキスタンのディル地方やモロッコのイサグエン地方）、またアメリカの指導下に（ボリビアのIBTA―チャパレ、パキスタンのマラカンド、ラオスのホウァファン）拡大して行った。

一九九〇年代初頭には、これら計画の成果がかんばしくなかったにもかかわらず、大体は期間が延長され、さらに新しい計画も策定された。それは、特に、共産主義体制崩壊後のアフガニスタンと中央アジアにおいてであった。一方、これらの計画、特に国際連合の協力計画は、いずれも麻薬の供給に影響を及ぼしておらず、世界的な評価は得ていない。

(2) 計画評価の試み

これらの計画はまず、農民が「コカ栽培と」同じ位収益力のある他の栽培へ転換するのを、手助けするためのものである。しばしば、違法栽培の根絶は、ボリビアにみられるように、金銭の補償を伴っている。同額の農業収入を提供できる産品が存在しないので、「総合開発」といわれる計画は、同時に村全体に恩恵をもたらす基盤整備、例えば、道路、学校、水道、保健衛生センター、技術訓練施設などの建設により、家族の収入の損失を埋めることになる。

計画が確実な効果をあげている所、特にタイ北部の部族地帯では、2―(1)および(2)でみたように、違法生産を減らすという最初の目的にはなかった多大な投資が行われた。初期の諸計画が導入された一九七〇年代初めには、この地方で約一三〇トンものアヘンが生産され、その一部は幾つかの山岳民族の人々に消費された。さらに、数十もの計画がこの地方に集中し、相当額が投下された。計画では、軍による毎年の根絶活動が不可欠で、一九八九年末以来、フランスの衛星スポット観測に従って実施されている。その結果、一九九四年には、この地方では、もはや約二〇トンのアヘンしか生産されなくなったが、それは、かなりのマイナス効果を伴った。

計画がより直接に違法生産の減少に結び付いた地域を検討してみると、結果は有意義であったというには程遠い。例えば、コカ葉の生産で世界第二位のボリビアのチャパレ地方に関していえば、国務省職員、レインスラー・リーとP・クラウソン（『アンデスの代替作物』）は、「一九八八年から一九九二年にかけ経済、警察、および軍事の支援（約一億五〇〇〇万ドル）にもかかわらず、コカの木栽培は一〇パーセントの増加、葉の生産は一三パーセントの増加」と推定している。この推定には、他の独立機関の専門家とボリビア政府の専門家が異議を唱え、コカの木の作付面積はチャパレでは、一九八八年以降、約一〇パーセント減少し、かつ住民の三分の二が、それ以来この地を去った、と反論した。しかし、この楽観説をとっても、この減少は、一ヘクタール当たりの生産増（一九八九年から一九九二年にかけて二〇パーセント）、およびコカ・ペーストから塩酸コカインへの製造の移行により、埋め合わされている。

それらの結果は、パキスタンでも比較することができる。ディル地方（国の生産の約五〇パーセントを占め、このため当該地方の代替計画には、一九八九年から一九九二年にかけ二〇〇〇万ドルがつぎ込まれた）だけの統計しかないので、国全体の公式資料に基づくしかないが、それによると、一九八〇年には一二五トン、一九八六年には一三〇トン、一九九一年には一八〇トン、一九九四年の推定は一四〇トンから一六〇トンに達している。さらに、代替計画は、この国のいくつかの地域で一時的に成功したようにみえたが、実際には栽培が他の地域に移転しただけであったことが確認されている。そして、パキスタンは、アヘンの大生産国の地位を降り、ヘロイン製造に専念するようになったため、アフガニスタンが利することになった（一九九四年には三二〇〇トン）。

3　代替開発の弊害

（1）自然環境保護と民族紛争

タイのように、成果を得るため代価を惜しまず、一つの地域に代替開発を集中するといった政策は、同時にまったく思わしくない結果を生んだ。例えば、タイとノルウェーの共同計画は、地域全体に深刻な自然環境問題を引き起こしている。パ・クルアイ地方でケシの強制的根絶の後にキャベツの生産が導入され、チェン・マイとバンコクの市場が有力な販路となった。等価の収入を得るためには、焼畑農業を行っているモン人［メオ族］は、計画開始前の一九八四年まで丘で行っていたケシ栽培の面積を一二倍も増やさねばならなかった。

伐採の拡大、そしてそれが土壌浸食に与える影響に加えて、灌漑栽培により、一万一〇〇〇人のタイ人農民が住むメ・ソイの谷底を流れる川の支流が干上がり、深刻な水不足をもたらした。大量の肥料使用による汚染が、これに加わった。この状況は、タイのエコロジストと農業省が支援するモン人との間に深刻な対立をもたらした。紛争の平和的解決を、計画の主席顧問リチャード・マン牧師が妨害したらしい。一九八七年に、渓谷住民との合意により、モン人は、タイ住民から自由な土地の耕作を保証された。リチャード・マンは、モン人にその一帯を「楽園」に変えると約束しながら、彼らを高地にとどめていたようである。二〇年程前、このアメリカ人宣教師は、アメリカ国際開発局（USAID）やCIAと共に、ラオスのモン人への大規模な支援計画にかかわり、そのモン人の中から、パテト・ラオ（共産主義者）と戦う「特別」軍が徴集された。一九七五年の共産主義者の勝利以後、多くのモン人がタイに避難し、彼らの一部は、今もパ・クライ地方で生活している。そこはビルマやラオスと境を接しており、アメリカにとって重要な戦略地政学的役割を果たしている（2―（3）をみよ）。外部から来た少数民族として蔑視されていたモン人の新たな繁栄が、国連職員も認めるように、多数派のタイ人の間に妬みをかったことで、自然環境に対する代替栽培の大きな悪影響を隠すことができなくなった。

(2) 代用品と麻薬中毒

しかし、この計画は、周知の通り、より深刻な別の結果をもたらした。少数民族のモン人とカレン人が住む地域でヘロイン消費が増加し、麻薬中毒問題を悪化させてしまったからである。この問題は、一九九〇年のFNULADの推計報告に盛り込まれている。そこでは、次のように述べられている。「二つの地域にもたらされた救済策が、このように他の地域に別の問題を引き起こして「状況を」悪化させる可能性がある。確実にいえることは、一九八五年にこれらの行動を計画した頭脳明晰な人々も、アヘン根絶の成功がある地域のヘロイン消費を目ざましく増加させるとは、予測できなかった。」

どうしてこんな逆説的な状況に至ったのか。一九八三年に、この地域の山岳民族四〇万人の六・八パーセントは、社会的にしばしば見られる用途、すなわち医学、気分転換、儀式などに用いて、以前から三二トンのアヘンを消費していた。しかし、一九八五年から一九八八年にかけての生産は、二五トンで、その後少し持ち直したが、再び下降した。それは、少なくとも需要を満たすのに一〇トン足りなかった。根絶に当たった地域では、もはやアヘン吸引ができなくなった常習者たちに、ヘロインが提供された。実際に、この地域は、ビルマのシャン州からつながる麻薬ルート上にあると同時に、警察と現地の軍権力の共謀で密造所が存在している。

したがって、モン人とカレン人の農民は、単純にアヘンの消費をヘロインに切り替え、はじめのうち、その効能は、彼らには同じように思えた。こうして、彼らは、より強い効果を持つ製品の「虜」になってしまった。ある年齢の人々が一たびヘロインの吸引に興じると、高地の山岳部族に属する若い村人も頻繁にチェン・マイに行って、ヘロインを注射し始め、そのことが地方都市やバンコクで働いた後、村に戻った売春婦が持ち込んだエイズ感染の拡大につながっている。この状況は、一九八〇年代末以降、悪化の一途を辿っている。

4　代替開発の戦略地政学上の目的

(1) 違法栽培と少数民族

「見通しの甘さ」「機能不全」「悪影響」などという表現の中に、本質的な要因が含まれている。すなわち、代替開発計画は、ほとんどの場合、援助国（2―（2）をみよ）、被援助国のいかんを問わず、違法栽培の減少という目的とは別の目的に応えてきた。それをよく理解するためには、違法生産地帯の特徴付けが必要である。基本的には、麻薬用植物は、第三世界諸国で栽培され、当然、独立国家共同体の各共和国もその中に含まれ、大抵が少数民族、部族社会、または宗教的少数派などによって栽培されている。この状況については、二つの説明がなされている。第一は、これらの人々は、この種の植物について昔からの伝統的な使用法を知っていて、しばしば儀式でも用いられ、それ故、社会的に管理されているというものである。例えば、アンデスのインディオのコカの葉の「咀嚼」、黄金の三角地帯のモン人、あるいはアフガニスタンとタジキスタンに跨がるバダフシャンのイスマイル派信徒の間でのアヘンの使用、イスラム圏のいくつかの国、特にモロッコのリフにおけるマリファナやハシシュの使用があげられる。第二は、これらの人々が支配集団からの民族的差別、経済的・社会的排除を受けたという事実からきている。さらに、この排除は地理的なものであり、より正確にいえば、これらの集団は、比較的辺鄙な痩せた土地、すなわち山地、ジャングル、または砂漠などへ無理に追いやられたのである。ところが、これらの植物は、ほとんど手間がかからず、かつしばしば他の栽培がすべて不可能な場所でも成長することが知られている。これらの地域が日常的に紛争に支配されている状態は、この状況の別の一要素として検討されるべきものである。

豊かな国で消費が拡大すると、密売人と接触している人々が生産を増やすという具合に、すべての条件が結びついている。こうして、ますます国家権力が利益に与るところとなった。このようにして、黄金の三角地帯は、一九五〇年代以降、アヘンとヘロイン生産の主要地帯となった。例えば、アンデス諸国は、一九七〇年代後半以来、コカイン生産地帯となった。パキスタンとアフガニスタンは、一九八〇年代初めにアヘンとヘロインを選択し、モロッコは一九八〇年代に大麻に専念した。

(2) 代替開発と土地管理

タイの場合、アヘンの生産禁止の真の焦点は、国家権力の側からすれば、国の北部と北東部の少数民族(山岳部族)の管理統制と、長期的には同化させることである。この目的は、第一に共産主義と対峙し、次に中国の拡大主義と対峙するための警戒線を張りたいというアメリカの必要性と一致するものである。山地の人々は、チェン・マイ県人口の一〇パーセントに過ぎないが、面積の八〇パーセントを占有する。そのうち、ビルマ、ラオス、およびカンボジアとの国境沿いの戦略的地域が問題である。このような心配は、一九六七年以来、内務相プラパート・チャルサティエン大将により明確に表明されてきた。すなわち、「山岳部族に対する比較的消極的な政策から積極的な開発政策に移行した第三の理由は、安全保障上の問題である。タイで、紛争を起こそうという意図から、外国の共産主義者が部族の不満を煽ろうとしている」ものである。今日なお、ラオス、カンボジア、そして特にビルマの新しい同盟国である中国の中に、「外国人共産主義者」が残存している。したがって、この北部国境は相当な戦略的関心を持たれ続けているというわけである。

パキスタンでも、問題は比較的類似している。この国には、大英帝国から引き継いだ特別管轄の三地域、すなわち「連邦行政部族地域（FATA）、州行政部族地域（PATA）、および混合地域」があり、そこの住民の多くはパシュトウン人であるが、一般には彼らの言語につけられた、パシュトウンというフランス語で呼ばれている。その部族のアフリディ、シンワリ、モーマンドなどは、独立精神と好戦的な血気で知られている。FATAの中では、パキスタン国家の民法と刑法は適用されておらず、この地域は、一〇年来、麻薬生産と加工の中心であった。ディル州は、PATAの一部をなし、そこでは、州議会を通じ国家権力が、理論上は行使されている。現実には、部族の自治地域と残りのパキスタン国土とを仲介する法規が重要である。実際に、中央政府の権力は、一九

1 コロンビア、ペルー、メキシコ、スリナム、ビルマ、タイ、パキスタン、トルコ、モロッコ、ナイジェリア、赤道ギニア。
2 パラグアイ、アルバニア、ロシア、ウクライナ、ポーランド、アゼルバイジャン、ウズベキスタン、シリア、ガンビア、カンボジア。
3 リベリア、シエラレオネ、ソマリア、グルジア、アフガニスタン、レバノン、ボスニア・ヘルツェゴビナ。
4 ベリーズ、グアテマラ、エルサルバドル、ホンジュラス、ニカラグア、コスタリカ、パナマ、ベネズエラ、エクアドル、エストニア、ラトビア、リトアニア、ルーマニア、ブルガリア、マケドニア、アルメニア、トルクメニスタン、カザフスタン、タジキスタン、キルギス、ラオス、ベトナム。
5 ボリビア、アルゼンチン、ブラジル、オランダ、スペイン、ポルトガル、イタリア、ギリシャ、スロベニア、エジプト、スーダン、チャド、南アフリカ共和国、イラン、中国、インド。
（出所）OGD。

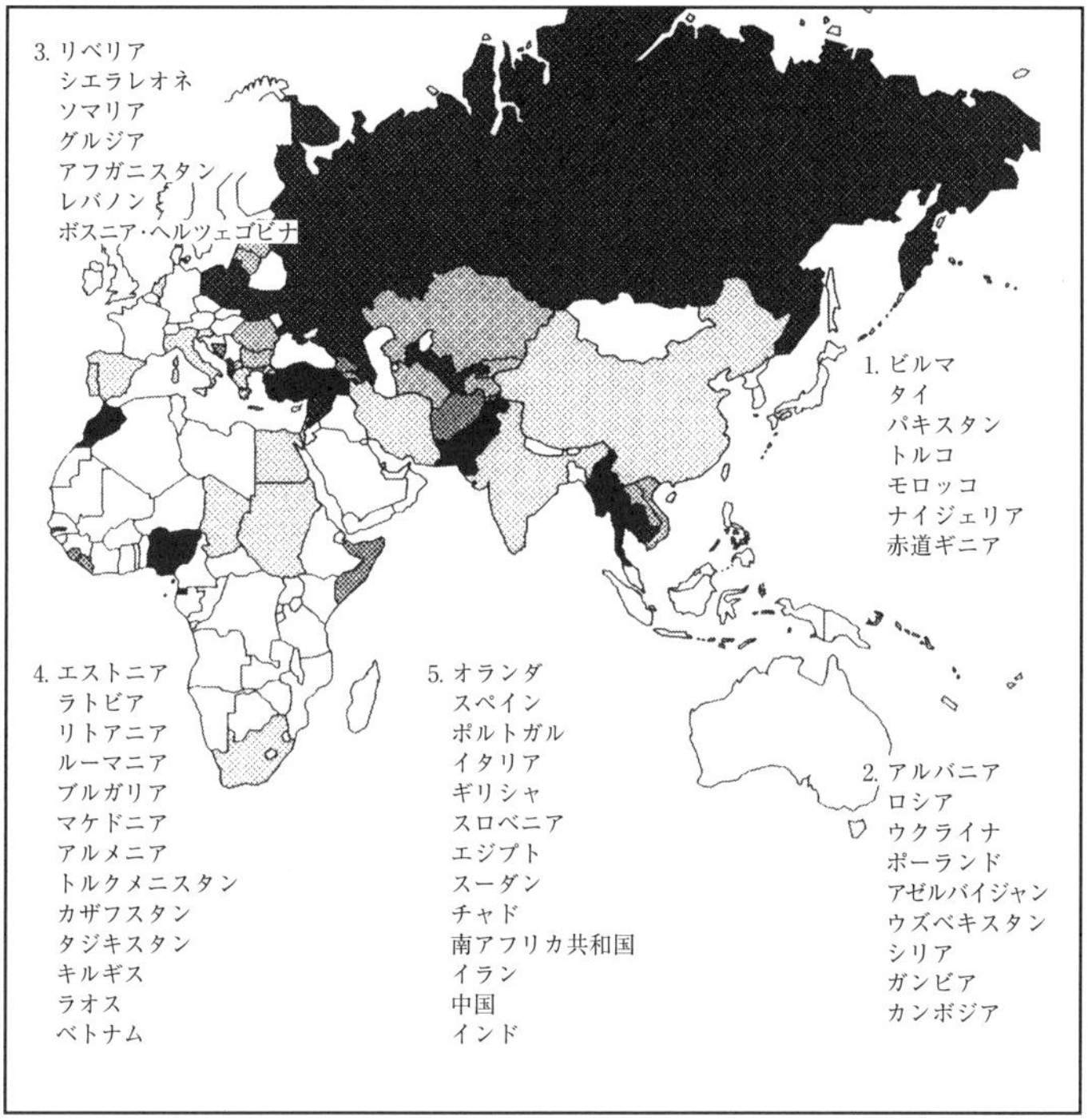

国家と麻薬

注1麻薬国家：国家又は国家機関が密売に関与しているか、麻薬密売の利益を利用している国。

2密売国家 ：国家又は国家機関があらゆる種類の密売に関与している国で、麻薬密売も含まれる。

3 密売地（国家ではない）： 政府が麻薬密売の拡がる地域をコントロールしていない国。

4 影響下の国家：国家機関の成員があらゆるレベルの麻薬密売に個人の資格で関与している国。

5影響されやすい国家 ：麻薬密売を容認しているか、それと接していて、影響下の国家になる危険がある国。

九〇年までは、ほとんど存在しないに等しく、特にケシ栽培が見られる東部地域で、そうであった。武器の所持は原則上禁止されているが、ディル州のカラシニコフ保有数は七万丁と推定されている。その多くは、この地にキャンプのあるアフガニスタン難民から買い入れたものである。さらに、この地は、パキスタンで最も貧しくかつ開発の遅れた地域でもある。

ディル州の開発計画は、中央政府の手によって様々な方法で試みられている。すなわち、計画策定前又は策定時の、いわば「実行可能な」研究（地図、国勢調査、社会経済的研究などの実施）は、人々の認識を深めている。道路の建設は進入を容易にし、他のインフラ構築（井戸、灌漑用水路、家畜の予防接種施設）や、いわゆる開発援助は、公務員の存在理由を明確にし、かつ中央権力に対するパシュトウン農民の不信や敵愾心を弱めるところとなった。

一九八九年から一九九二年にかけ、国家の影響力は目にみえて強くなっていった。こうして、国家計画に沿って一九九一年に施行された兵器所持の禁止は、大口径銃の誇示こそが雄々しさの証明だという風潮が以前からあったにもかかわらず、ディルのパシュトウン人に目に見える効果をもたらした。開発計画のお陰で、この土地管理の掌握は、いわゆる部族地帯（ＦＡＴＡ）にも及んだ。アメリカ資金拠出計画の責任者は、計画の効果により道路と地域が開かれ、一九九二年以来、バジョールとマラカンドの部族代表事務所に計画に携わる技術者が迎え入れられたという事実を強調している。

(3) 代替開発と少数民族の同化

『麻薬、カネ、および兵器』の著者によると、ヤオ人の村に対するタイ・ノルウェー計画のタイの責任者は、彼らの第一の目的が、少数民族の文化的伝統を無視した、タイ語による子供の識字教育と、仏教への改宗の奨励による少数民族の同化であったことを、一九九〇年に明らかにした。逆に、代弁者として尽力したヤオ人の指導者は、個人的に、民族抹殺と思われるに近い状況への反発をあらわにしていた。タイの責任者が、これらの地方における（徹底したアヘン根絶による）ヘロインとエイズの流行拡大に不満を感じているかどうかは疑わしい。なぜなら、タイ当局が、山岳の少数民族によって起こされた「問題」と考えているところのものを、その流行が根本的に解決してくれるかもしれないからである。

この視点から見れば、関わる政府の考えがどうであろうと、そのことが少数民族と政府の関係に少しも変化をもたらしてはいない。したがって、共産主義ラオスの戦略も、仏教国タイやイスラム・パキスタンの戦略も、その分野に関して大差はない。「国際麻薬公報」一九九二年一一月号の調査によると、ムオンとシエン・クワンで実施されたPNUCID計画は、主に道路建設と基盤整備に向けられたことが指摘されている。さらに、それらの計画は、ケシ栽培から稲作への転換を口実に、少数民族モン人を高地からメコン平地へ移動させることを、目的としている。なお、モン人はビエンチャンの共産主義体制に対する軍事抵抗を止めることはなかったが、その一方で、計画にかかわる地域では、国の北部地域とは逆に、アヘンを副次的にしか生産していないことが知られている。

第７章　国内地政学、犯罪組織と麻薬国家

アラン・ジョックス「麻薬戦略——亀の島から世界空間へ」

［麻薬地政学に関する国際会議での口頭発表］

アラン・ラブルース、アラン・ワロン

『麻薬の惑星』一九九三年、所収。

マフィアの戦略は、どのようなものでしょうか。結局、いつも、島が必要なのです。それは、概念的な意味においてであります。本当の島にこしたことはありません。実際、島を占領するマフィアの話はいくつもあります。私が思い出すのは、有能な商業共和国になりそこねた亀の島のことです。とはいえ、ベネチア自体が、潟に浮かぶ、わけのわからない小さな島の寄せ集めから始まっており、それが商業マフィアなのです。それでも、いつかは、本土を征服して、国家を形成しなければなりません。しかし、どんな国家でも、それが小さくて、自然の国境に囲まれているとすれば、それは何か島のようなものです。島々と自然の国境で囲まれた小さな

ます。国家は、国境を持った国家権力に居座ろうとするマフィアの脅威にさらされたところだといえます。

その意味で、中米諸国は、地峡に沿った、いわば、みじん切りされたような小さな国々であり、潜在的に島の構造を形成していると考えられます。それらは、比喩上の島であります。人口という点で、無人地帯に囲まれている幾つかの国でも同じことがいえます。「ペルーとボリビア」も、ある視点からみれば、いっとき島のように見えます。それは、戦略的には、慎重に二つに分けなければならない「インカ帝国時代の島」であります。砂漠や山、そして森林に囲まれたところ、外部との接触のあまりない自然地帯は、逆に、島と同じ状態といえるのです。

比喩的な意味でも島になれない、島でない国家においても、マフィアは、体制のすべてを奪取しようと試みたり、(ビルマやボリビアの場合がそれにあたります)、あるいはコロンビアのメデリンやボリビアの「軍隊」のように、一種の島となった都市とその近郊を占領せんとしています。ここで気がつくことは、すべての軍隊が、もともとマフィアのように階級制から成り、経済力と暴力という二面的管理によって組織されていると考えられることであります。それ故に、マフィアの「沈黙の掟」と防衛機密との間には少しの違いもないのです。

もう一つのやり方は(そして、これがおそらく最も近代的でしょうが)、完全に商業界や金融界に溶け込んで、最終的には、裕福な実業家として政界の実力者と日常的にあらゆる繋がりを持つことです。これは、おそらくタイとパキスタンの場合に当てはまるでしょう。これらの場合、ある文化の中で、マフィアの境界をことさら制度化する必要もなく、マフィアの集団から、名誉ある銀行家集団への移行は、むしろその境界線がはっきりしなくなっております。マフィアの「沈黙の掟」と銀行の守秘義務の間にももはや違いはないのです。ここでは、当然のことながら、概念論的な仕事も、警察の仕事も、容易ではありません。

1　マフィアの原型、シチリアのコーサ・ノストラ

(1) コーサ・ノストラ、農村から都市へ

シチリア・マフィアのコーサ・ノストラは、人々の記憶の中では、超国家的な犯罪組織の原形であった。それらの組織犯罪は、中国の三白［ならず者］からトルコのボスに至るまで、コロンビアのカルテルや日本のやくざなども経由して、様々な概観を呈している。実際、イタリア・マフィアが手本になったのは、それが他に先んじていたばかりでなく、この種の組織の最も広い定義を見事にカバーしているためである。すなわち、ある領域の管理を社会体制上の権力と（競合的ないし協

調的に）分担し合っている、組織化された集団、という定義がそれである。

「マフィア」の名は、一九世紀のシチリア行政機関の公式資料に現れている。その起源は、専門家の間で果てしない論争の的であるが、彼らも、以下の点でだけは、合意している。マフィアは、シチリアの地において一九世紀末まで全く変わることのなかった封建社会に深く根をはって行動していた、ということである。犯罪組織としてのマフィアは、実際には、一八六〇年のイタリア統一に由来する近代国家の出現によって誕生した。没落した貴族の所有地は、ならず者の一団を雇った一部の大農場主に委ねられた。これらのならず者の一団は、慣例通り山賊から領地を守り、後に、名高い「ピッツォ（マフィアへの上納金）」の徴収権などの、生殺与奪の権を領主の名において行使した。マフィア一族の初期の財産は土地経済で築かれることになる。例えば、「ヴィートさん」ことヴィート・カッショ・フェッロは、一九〇九年から第二次世界大戦中の獄死に至るまで絶大な権力を誇り、製粉工場への恐喝や地権をめぐる詐欺行為、軍を当て込んだ家畜への投機、食料品の密売などに携わった。

この新しい支配階級と向き合うと、行政機関は、人々の信用を得るには無力で組織的でなく、かつ無能であることをたちまち露呈してしまった。行政機関自体も、非常に買収されやすかった。「シチリア主義」や島の自治意識に直面して、国家は即座に妥協し、さらに暴力の独占を許した。例えば、一八七〇年代における山賊行為の制圧は、有力者の刺客にゆだねられたのである。一九一二年の（男子）普通選挙の確立は、現地の政治権力とマフィア一族の「支持者」との協調関係を強めただけであった。マフィア鎮圧への最初の真剣な取り組みが見られるのは、ファシズム国家になってからである。目的と手段が似ている、競争相手の権力の行使を容認できなかったムッソリーニは、チェーザレ・モーリ知事に全権を与えた。一九二四年から一九二九年にかけて、モーリは、コーサ・ノストラをほぼ制圧した。マフィアのボスの多くは、ラテンアメリカやチュニジアの「新世界」への亡命を選択し、このことが将来の多国籍活動につながる最初の種を蒔くことになる。

（2）国内の勢力

ファシズム国家の崩壊は、このマフィア撲滅の取り組みを再び閉ざすところとなった。しかも、今度は、アメリカの情報機関が一族を道具として用いることで、彼らの権力回復に手を貸した。まずニューヨークでは、米海軍の防諜機関がイタリア系アメリカ人のラッキー・ルチアーノ（獄中からマンハッタンとブルックリンのドック〔船渠〕を支配した）に、ナチスと日本による港破壊工作を失敗させるよう命じた。さらに、シチリアでも、ルチアーノは、出所前の一九四三年七月に、島への上陸を容易にする情報を提供した。見返りに、このボスは一九四六年に釈放され、イタリアに追放された。OSS（戦略サービス機関、CIAの前身）は共産主義者に対抗するためマフィアに頼り、まずシチリアで、さらにこの国の他の地方でも、彼らがそれぞれの地域の指導者に任命されるよう、後押しをした。若いイタリア共和国は「名誉ある男達」「マフィアのこと」に山賊（彼らの中で最も有名なのが一九五〇年に抹殺されたサルバトーレ・ジュリアーノ）狩りや、左翼、および農民運動の制圧をゆだね、古くからの習わしを復活させるのに、大した時間はかからなかった。

しかしながら、工業化の幕開けで、従来の農村マフィアは瀕死状態に陥った。彼らのささやかな収入の大部分は、食糧売買と密輸活動（マルタから輸入したタバコ、サッカリン、コーヒーなど）における恐喝によるものであったからである。彼らを救済したのは、まず（アメリカが資金を供与した）南部開発計画で、彼らに広い活動範囲を提供した。例えば、農地から建設可能な土地への再転換における恐喝、不当な干渉、投機、および建設会社の管理などである。そして、徐々にアメリカ人の「いとこ」を手本として、コーサ・ノストラは、国際的なヘロイン密売に足を踏み入れた。一族の流血戦争は、一九六〇年末まで続き、この活動の組織化は妨げられた。「都市マフィア」へと生まれ変わったコーサ・ノストラは、当時、麻薬市場に大挙して参入するのに必要なだけの資金を保持していた。一九七〇年代半ば頃、マフィアは「フランス密輸組織（フレンチ・コネクション）」の解体でできた隙間に入り込んだ。一九八二年には、米司法長官によると、アメリカ北東部の諸州で取引されるヘロインの八〇パーセントがシチリアから来ていた。

麻薬ドルの流入とそこから得られる未曾有の資金力は、一部のマフィアをますます暴力的に権力に挑戦する姿勢へと駆り立てていった。ガエターノ・バダラメンティは、パレルモで、初のヘロインによる「億万長者」となり、一九七一年パレルモの検事ピエトロ・スカリオーネの暗殺を含むテロ作戦で頂点に上り詰めた。まもなくコルレオーネ（コルレオーネ市の一族）がそれを模倣した。例えば一九七七年八月憲兵の連隊長ルッソは、彼の管轄地区で処刑された。さらに、「巧妙な暗殺」が続いた。すなわち、一九八二年のダッラ・キエーザ将軍の暗殺、マフィア組織への所属という簡単な容疑で財産を接収し、その凍結を許可した法律の発案者、共産党議員ラ・トッレの暗殺がそれであった。一九八一年から一九八三年にかけて頂点に達し、数百人の死者を出した新「マフィア抗争」が終わった後、コルレオーネとパレルモの彼らの仲間は他のマフィア一族に対し権力を振るうに至った。

（3）国家に対する戦いとマフィアの再編

このような暴力の猛威は、反国家マフィアと国家自身との関係の曖昧さを浮き彫りにした。一方では、マフィアは、権力との戦争に突入したようにみえる。だが、他方では、社会学者ウンベルト・サンチーノが述べたように、マフィアは、国内にあって、国家の味方である。つまり「その経済的役割としては、国庫収入を利用することで発展し、その政治的役割としては、彼らの合法活動の重要な部門の一つである公共工事を落札するのに不可欠な、決定権のある中心人物に関する票を操作する」というものである。それは、単に目的のために共謀している。もう一人のイタリア専門家ピノ・アルラッチは、ベローナのような北部都市の犯罪統計に基づき、マフィア集団による麻薬市場の管理統制が、中小規模の犯罪行為のめざましい減少を伴っていることを認めている。政治危機に蝕まれて脆弱とみなされる国家は、このような「マフィアによる平和」に利点を見い出すこともある。同じようにして、日本でも、社会生活の調整の一要素として、やくざの存在を認めている。

しかし、一九九〇年代初めに、樹立されていた均衡がぐらついた。マフィアの権力が抗議される度に許容範囲を越える反撃に出たからである。例えば、ヨーロッパ議会議員・キリスト教民主党員でシチリア人の「名誉特派員」であったサルボ・リマは、パレルモ大訴訟（一九八六〜一九八七年）の被告四七四人に下された有罪判決の破棄を勝ち取れなかったために殺害された。また、転向者の偉大なる聴罪司祭、ファルコーネ判事の暗殺（一九九二年）、さらにその数週間後に起こった彼の後継者パオロ・ボルセリーノの暗殺などがそれであった。もはや交渉すべき時ではなかった。一九九三年のコルレオーネのボス、トト・リイナの逮捕は、世間の注目を集めた一連の逮捕劇（同年に推定約一〇〇〇人余のマフィアが逮捕された）の端緒となった。マフィアと結託した廉で戦後イタリア国家の二人の指導者、キリスト教民主党のジュリオ・アンドレオッチと社会党のベッチーノ・クラクシが起訴されるに及んで、共和国は苦悩に陥った。

コルレオーネの恐怖戦略の失敗が、コーサ・ノストラの没落の始まりであったか否かを論じるのは、現段階では不可能である。あるいは逆に、シチリアでの組織犯罪の変遷における一つの転換点にすぎなかったのだろうか。罪を悔いた一部の者は、一九九〇年代初め以降、まるで「星」のように新しい組織が現われて来た、と回想している。アリソン・ジャミーソンのような評論家は、イタリアの四大マフィア（シチリア、カラブリア、ナポリ、およびアドリア）に共通する「生き残り戦略」があるとみている。彼らはまた、これらの組織のすべてが束の間のベルルスコーニ政権に代表される連邦主義運動に一定の共感を示していることも指摘している。すなわち、国家権力の地方分散化ももはやその運動を浸透させることはできないであろう。結局、ソ連邦崩壊後の東欧諸国で行われた大型投資は、マフィアが国際的な活動を放棄していなかったことを示している。

2　麻薬民主主義——コロンビアの場合

(1) コロンビアの麻薬の経済的重要性

コロンビアでは、一五年来、かなりの資産を蓄積した国内の密売人の利益と、地方の中産階級や国家中枢にいる彼らの代表者の利益をめぐる錯綜が、ますますひどくなっている。一九九三年一二月のパブロ・エスコバルの死から一九九五年七月から八月のカリ・カルテルの主な指導者の逮捕や降伏までの間に、麻薬で得られた資金の国内還流がかなり増大した。それは、世界銀行と国際通貨基金（ＩＭＦ）によって課せられ、一九九〇年以来適用された自由主義政策によって助長された。

すなわち、大銀行の民営化、為替市場を個人の手にゆだねること、世界の金融網と直接つながることを可能にする銀行組織と遠距離通信の近代化、従来は国家管理であった港の民営化、そして国中に自由貿易地帯を設けることであった。この時期、国内に還流した麻薬資本の総額は、年間に数十億ドルにも上った。コロンビアの国内総生産が輸出の落ち込みにもかかわらず、毎年五パーセントのペースで増加し得たのは、まさにそのことによる。他方では、密売人たちは三〇〇万ヘクタール以上の好適地を所有し、さらに経済活動の大部分、なかでも建設、観光、運輸、遠距離通信、および薬品産業部門を手中にした。

(2) コロンビアの麻薬の政治的影響力

麻薬経済の影響は、地方の政治生命という次元に現われている。例えば、一九九四年一〇月三〇日の(ペレイラ、トゥルーア、ラ・ドラーダ、さらにコロンビアの他の数多くの都市と州の)市長・知事選挙では、地方権力をかっこうの標的にした麻薬密売人の関係する組織による威嚇操作や浸透がみられた。地方や地域の選挙に対するこのような麻薬の影響力は、正規の国会議員団による基本法にまで及んでいる。こうして、一九九四年にはコロンビアのマスコミが麻薬計画と名付けた議案を可決させるため、いくつかの試みが続けられた。すなわち、麻薬資産が名義人に移される際、差し押さえられないようにしたり、裁判における判事の匿名性(顔なき裁判官)を中止したりする

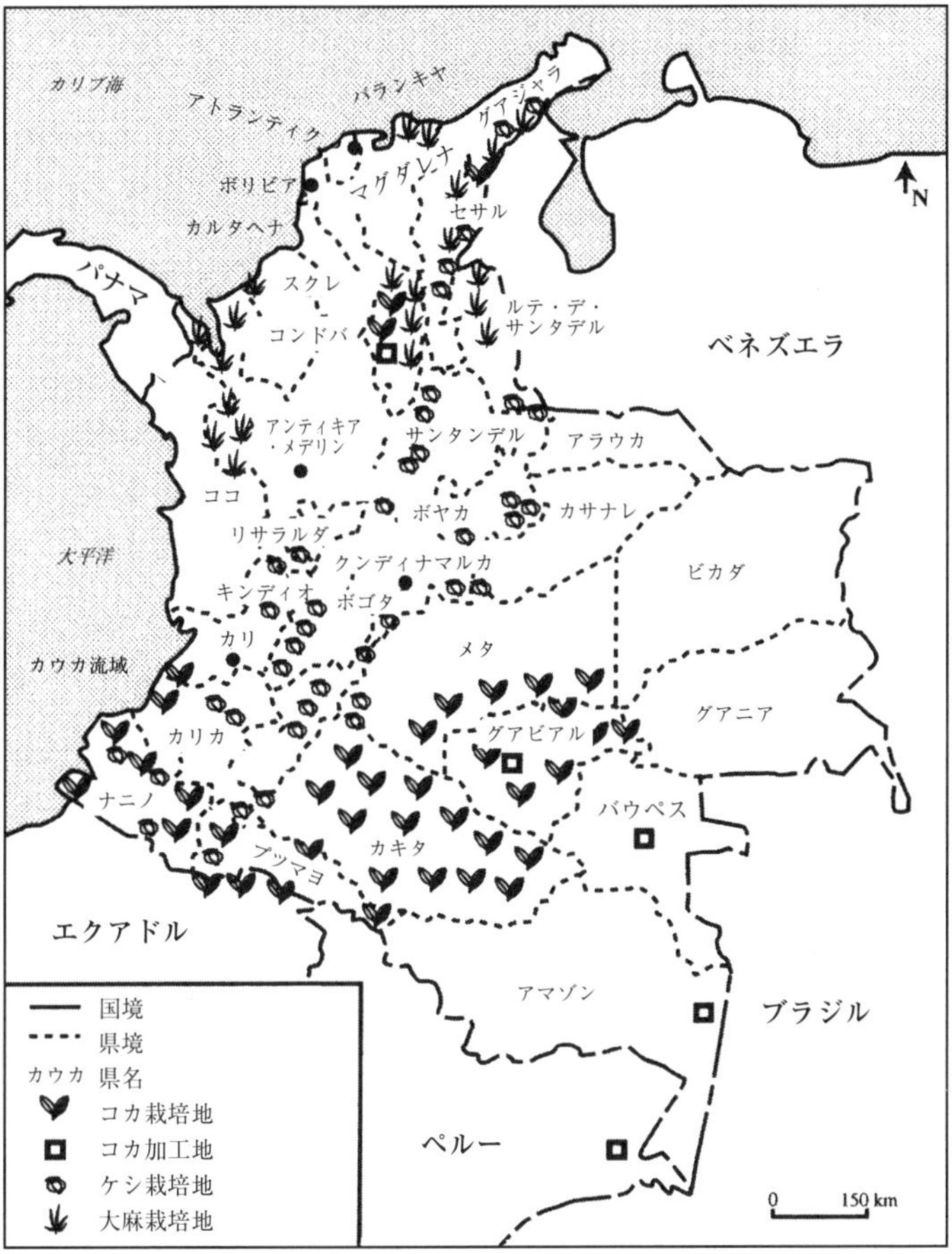

図　コロンビアの麻薬生産

（出所）　O G D , *Géopolitique des drogues*,Paris, La Découverte,1995.

などの一連の法規のことである。この計画は、委員会で承認され、政府は、最終的に不成立となるよう、断固たるやり方で介入しなければならなかった。一九九五年に（少なくとも）一〇人の議員がカリ・カルテルからカネを受け取っていたことが暴露され、数々の疑惑を裏づけた。

しかしながら、「自由主義の切符」となったサンペル・ラ・カジェ［大統領］の勝利から二日後、コロンビアのマスメディアは、カリ・カルテルのボス、ロドリゲス・オレフエラ兄弟とジャーナリストのアルベルト・ジラルドとの対話を録音したものを放送した。ジラルドは、これらの密売人と政治・経済界の橋渡し役として有名であった。ロドリゲス兄弟が、ジラルドを介して、サンペルの選挙運動の会計係、サンチアゴ・メディナと連絡をとり続けていたことが明らかになった。サンペル大統領は、自らの選挙運動中、たとえいくらかの政治献金があったとしても、自分は知らされていなかった、と弁明した。彼と麻薬とのかかわりが日常的なものであったことを示すもう一つの例は、サンペルのため決戦投票の立候補を辞退した公安局（ＤＡＳ）の元局長マサ・マルケス将軍が、週刊誌「セマーナ」に、通話の録音の中に彼の名が出て来たことについて問われた際の答えの中で、「私はサンペル博士と話し合うよう、誘いの電話を何度かもらいました。私は、いわれた住所に出向くことを了承しました。そこには、サンペル博士、デ・ラ・カジェ（緊急時にサンペルの代行をする副大統領）、そしてボテーロ（サンペルの選挙運動の責任者、後の国防相、一九九五年八月に投獄）がいました。後で知ったのですが（原文のまま）、そこはジャーナリストのジラルドの家で、彼はジャーナリストなのだから、私にとってはごく普通のことに思えたのです」。しかし、かつての情報部の長ともあろうものが、アルベルト・ジラルド（一九九五年七月に投獄）が、ロドリゲス・オレフエラ兄弟の広告塔でかつ仲介人であったという、コロンビアでは周知の事実を知らないなどということがあり得るだろうか。

3　麻薬独裁権力──ナイジェリアの場合

(1)　作用の強い麻薬のネットワーク

一九八〇年代末以降、西アフリカは、アメリカとヨーロッパ向けのヘロインとハシシュの不正取引、およびヨーロッパ向けコカインの不正取引の重要拠点となった。さらに、大麻の地方生産は累積的に発展を遂げた。これらの活動の大部分は、ナイジェリアの犯罪組織に支配されている。ナイジェリア人は、ガーナ人と共に自らの土地で多くの大麻を生産し、さらに、西アフリカでも段階的に生産を組織している。例えば、セネガルの農民にまで厳選した種子を提供し、収穫は立ち木のままで買付け、またベナンのように栽培に際しては軍の警備をつけたりしている。

ヘロインについては、アメリカの推定では、在外ナイジェリア人が持ち込んだ麻薬の量は、一九九三年には市場の三〇パーセント、一九九五年には五〇パーセントに上った。一九九四年には、一〇〇人の在外ナイジェリア人が国境通過の際、二〇〇キロ近くに上るヘロインとコカイン取引で逮捕された。ナイジェリアのネットワークは、ブラジルからコカインを西ヨーロッパに持ち込むのに、とりわけ中央ヨーロッパ諸国（ポーランド、ハンガリー）を利用している。

ナイジェリア人は、中央集権的な大きなマフィアを構築することはなかった。彼らの犯罪組織は、特徴のある名目で表わされる。すなわち、民族、部族、又は家族の連帯に基づいて分岐した密輸ルート、これらのルート間の分業（運び屋の募集、持ち出し組織、資金の移動など）、ネットワークの間での仕事の交換、公的保護の買収、本物および偽造のパスポートとビザの取得と取り締まりの裏をかくため同じネットワーク上の異なる集団間のルート（アジアやラテンアメリカからアフリカを経由してヨーロッパに至る）の細分化ということである。

(2) ナイジェリア・ネットワークの地政学的展望

麻薬の国際的密売においてナイジェリアの犯罪組織が占める地位は、単にアフリカにおけるこの国の人口学的重要性や経済的重要性から来ているだけではない。その地位は、大英帝国から受け継いだ通商路、すなわち世界規模の麻薬ルートを熟知していること、および国家機関レベルでの重要な結託を知り抜いていることに由来する。

ナイジェリアは、一九〇三年にイギリス植民地となり、イギリスがアジアとの間に確立したアへンの流通経路をガーナと同様に受け継いだ。英連邦への所属は、麻薬生産地であるインド亜大陸と、消費地であるアングロサクソン社会の消費者との緊密な通商関係を、さらに発展可能なものにした。二〇世紀初め以来、最初の在外ナイジェリア人集団がロンドンに居を定め、同じくボンベイ、カラチなどの大英帝国の主要都市にも住み始めた。第二次世界大戦中、ナイジェリア人兵士は、英軍の一員としてビルマで日本人と戦った。このことが西南アジア及び東南アジア諸国との連携を生み、さらに、そこでは、英語が媒介言語の一つであった。このようなわけで、今日、ナイジェリア人地区がバンコクに存在する。運び屋は決まってカラチで逮捕されている。

ナイジェリア人の一団が国際的麻薬密売の展望を持ち、かつ市場の変化に応じて介入していることは、明白である。こうして、彼らは、一九八〇年代初め以来、専らコカインを密売してきた。ナイジェリアで一九八四年一月から一〇月までの間に、主として空港での作用の強い麻薬の密売のため一〇二人が逮捕され、彼らの大部分はコカインを運んでいた。ヘロインの運び屋がどんどん増えて来たのは、一九八六年から一九八七年にかけてであった。それは、ヘロインの方がコカインより三倍から四倍も値段が高く、特に少量で儲かるからであった。しかし、一九八〇年代末以降、コカインの密売は、卸売業という別の方式を採用したことにより、再び盛り返してきた。ナイジェリア人は効果的な方法へ変える能力がある。こうして、自らが国際警察の注意の的であることを知りつつも（一九九二年に世界中で麻薬取引のために勾留された六〇〇〇人のアフリカ人のうち、二〇〇〇人がナイジェリア人であった)、一九九二年以降、この国の体制が変わってからは、西アフリカ、中部アフリカ、および南部アフリカなどにいるナイジェリア人の中から仲介人と運び屋を募った。さらに、ヘロインの調達ルートに関していえることは、調達源が多様化していることである(パキスタン、タイだけでなく、ラオス、ビルマ、及び諸々の発送地、すなわちスリランカ、ネパール、バングラデシュ、シンガポール、フィリピンなどにも拡がっている)。

さらに、ナイジェリア人は、東ヨーロッパ諸国での国境通過の容易さを有効に利用することができた。一九九二年一一月二〇日、ロシアの貨物船でハンブルクに到着した三五〇キロのコカインを受け取りに来ていた三人のポーランド人が逮捕されたが、彼らはそれをワルシャワに運ぶことになっていた。ドイツ警察によると、この密売のリーダーは、三一歳のナイジェリア人で、フランクフルト空港で逮捕された。一九九五年八月には、ブラジルのコカインをアムステルダムとパリ経由で輸入するネットワークを指揮していた二人のナイジェリア人が、ブダペストで逮捕された。

(3) 麻薬国家ナイジェリア

かつての国家元首ブハリ将軍が、一九九三年末のイブラヒム・ババンギダ大統領兼軍最高司令官の辞任後に、報道陣に明らかにしたところによると、彼が「身分の高い」将校の麻薬密売関与についての調査を命じたため、彼は一九八五年にババンギダに倒されたといわれる。多くのナイジェリア人ジャーナリストが元大統領夫人、メリアム・ババンギダがコカインの重要な国際ネットワークを仕切っていたことを確信していると公言したため、少なくとも彼らのうち一人が暗殺された。ダブリン・グループに属している西欧数カ国の情報機関は、ババンギダの下で、将軍の一団がナイジェリアを麻薬の在庫と再分配の場とするため、一種の企業連合を構成していたとみている。そのために、彼らは、まさにザルのようであった自国の海港と空港のみならず、ナイジェリアの指揮下に西アフリカ経済共同体平和維持軍（ＥＣＯＭＯＧ）が駐留していたリベリアの首都モンロビアの海港や空港も利用した。買収されないと信用されるキリスト教徒バマイイ将軍が責任者に任命されるまで、麻薬警察機関である国家麻薬法執行機関（ＮＤＬＥＡ）は、幾度となく麻薬密売に巻き込まれた。一九九三年九月、その当時触れてはならない要人であった警視総監は、自らがスポンサーであった農産物加工業を営むインド人社会を経由していたコカインとヘロインの輸出入ネットワークを庇護していた。サニ・アバチャ将軍は、麻薬に関するナイジェリアのイメージを払拭したい、と思っているようである。彼が国家機関にはびこっていた密売人たちを長期にわたって一掃できたかどうか、判断するには、まだ時期尚早である。

結　論

麻薬密売の拡大は、国際共同体の機能、特に西側諸国の機能の中核をなしている地政学的矛盾のうえに成立している。西側諸国は、麻薬そのものを人類の大きな災いの元凶とし、それに対して容赦ない戦いを挑むと宣言する一方、常に至るところで、経済的及び戦略的関心を麻薬に向けている。このようなわけで、フランスの公式見解では、大麻の副産物は、コカインやヘロインと同様に、きわめて危険な物質としている。それは（多くの専門家に批判された主張であるが）、「マイルドな」麻薬から「作用の強い」麻薬への拡大が避けられないとみているからである。「フランス」国内で消費された大麻の半分以上がモロッコから来ており、そこでの栽培と密売は行政のあらゆる段階で保護を受けている。こうした状況にもかかわらず、フランスは、この問題に関して措置を講じるため、モロッコ政府に圧力をかけたりすることもしなかった。なぜなら、北アフリカでのイスラム主義の台頭が西欧にとって脅威であるだけに、伝統的な「仲介役」としてのハッサン二世の体制が不安定化を避けるためにも必要だからである。同じくパキスタンは、ヨーロッパとフランスへの最大のヘロイン供給国であり、麻薬の大物がまったく罰されることなく議席を占め、政府にまで入り込んでいる。しかも、フランスにとって重要な兵器市場であり、そのためあらゆる密売の規制活動がないがしろにされている。アメリカは、その同盟国がアフガニスタンや中米で行っている麻薬密売をかばい、いまだアジアの共産主義に対する砦であるタイ政府に対して非常に遠慮がちな圧力しか行使していない。トルコは、かつての役割が共産主義帝国への入り口であり、今日では、イラクへの入り口であることから、麻薬生産と密売に軍と政府の重要部門が関わっているにもかかわらず、西側諸国はそれを大目に見ている。したがって、「麻薬に対する戦い」の挫折の原因の一つは、それを主張した各国の政府の政治的意思の欠如にある。

さらに、西側諸国における麻薬市場の急速な拡大は、富める国々がアジア、アフリカ、特にバルカン半島諸国の地域紛争を終結させられないことによるものである。ビルマの独裁政権を孤立させる毅然的態度の欠如、旧ユーゴスラビアの紛争解決という課題、そしてコソボの抑圧を止めさせるためのセルビアへの圧力の行使が問題となった際にみられた優柔不断さ、コーカサスと中央アジアの紛争についてモスクワが対処すべきロシア国内問題としての明確化、さらに、クルド紛争に対する西側諸国の遠慮などが、ヨーロッパの非行や麻薬中毒の問題に何らかの影響を及ぼしているといえる。

したがって、麻薬地政学の研究は、何よりもまず国家地政学の失敗についての研究である。しかも、麻薬は、既に述べたように、固有の力強さも備えている。麻薬は、国籍も国境もない世界的事象となっている。商品としての麻薬は、需要と供給、ダンピング、市場調査、物々交換のルールで決定され、高い付加価値のある生産物として、戦略と戦術の影響を受けている。さまざまな文明や取り扱い方、および根本的に異なる方針と接し、製品としてあちこち移動し、地方と地域の歴史の一部をなして来た麻薬は、他のどの産物とも非常に異なっている。麻薬は、同時に「現代的」で「伝統的」であり、「世界的」で「地域的」である。

このようなわけで、麻薬の戦略地政学は、過度に栽培する方が得であるようなエントロピーの世界にかかわっている。その意味で、戦略地政学は、再度、「敵」の失敗を拠り所にすることになる。現実に、西側諸国は、無秩序の危険性にさらされた国際関係を理解できていない。西側諸国は、見せかけの秩序の再構築のため、敵を「定めて」紛争の原因としているだけである。ともあれ、これまで見てきたように、麻薬にまつわる事象は、複雑である。麻薬を世界一の大衆の敵に祭り上げることは、西側諸国にとって思いもよらない世界の混乱を招き、結局、それは、無秩序と呼ばれる状態を生じてしまうことになる。その無秩序を事実上、麻薬を介して公然と非難することで、西側諸国は、従来の地政学的手段、すなわち経済制裁、軍事介入、西側モデルの輸出を再び活性化できるのである。

麻薬問題の動向

浦野起央

■国際阿片（アヘン）問題

英国では、産業革命による木綿工業が発展し、アジア貿易では綿製品がインドに大量に流入し、英印貿易は片貿易となっていた。また、中国貿易では、中国茶の一方的な輸入で、片貿易となっており、英国は、中国での銀決済のためインドでアヘンを製造して中国へ売り込んだ。このため、中国では、一八三六年五月以降、アヘン中毒者が増加し、アヘン厳禁論が高まった。一八三九年三月広東で、中国指導者がアヘンの流入に対し武力封鎖の阻止をとり、一一月ついに阿片（鴉片）戦争が起きた。戦いは近代兵器をもつ英国軍の圧倒的な優位で終わり、敗れた中国は開国とアヘンの流入を余儀なくされた。こうして英国は一八五八年一〇月九日中国に対するアヘン輸出を合法化したが、アヘン吸飲の流行で、一八七七年三月駐英中国公使らが清朝皇帝にアヘン禁止を奏上するなど、アヘン規制の要求が高まった。

一九〇四年、福州商会が禁烟団体を組織し、一九〇六年九月の上諭で阿片禁止令が強化されていたが、一九〇七年一月中国はアヘン問題について英国あて公開書簡を送り、これが英国の阿片協会を動かし、アヘン規制の世論が高まった。一九〇八年一〇月、中国は阿片禁止令をいっそう強化し、ここに、合法化されていたアヘンではあったが、中国でのアヘンの吸飲と他地域への拡大が問題となり、一九〇九年二月上海で国際阿片会議が開催され、国際阿片会議議定書が採択された。次いで一九一一〜一二年のハーグ国際阿片会議で国際阿片条約が採択され、アヘン規制が国際的に合意された。中国では、いよいよアヘンの禁制が強まる一方、国際連盟阿片諮問委員会も設立され、一九一五年一一月に阿片禁止条約が採択され、一九二四年一一月〜二五年二月のジュネーブ国際阿片会議でジュネーブ第一、第二条約が採択された。一九六一年一月に麻薬単一国連条約が採択され、二月国連麻薬委員会の活動が始まった。そして一九七一年二月に向精神薬物条約が採択されたが、とりわけ一九六〇年代におけるベトナム戦争での吸飲者の増大、そして一九八〇年代における先進国での若者のヘロイン吸飲の爆発的増加から、一九八八年一二月の第三九回国連総会決議四三／一二〇に従い、一九八九年一二月に麻薬品・向精神薬物の不正取引防止国連条約が採択された。（一九八九年一二月調印、一九九〇年一一月発効）一九九〇年二月国連麻薬特別会議が開催され、一九九一—二〇〇〇年麻薬根絶計画が採択され、国連に国際麻酔品管理協力センターが発足し、同九〇年には民間組織として麻薬地政学監視機関ＯＧＤも生まれた。

一九八〇年代におけるラテンアメリカの銀（十字架）の三角地帯の出現と麻薬の米国への大量流入で、米国は一九九一年二月コロンビア、ボリビア、ペルーの四カ国と麻薬首脳会議を開催した。

また、一九九三年四月メキシコで国際麻薬会議が開催された。この麻薬犯罪組織のカルテルは、麻薬の密造・密輸・密売に介入しているのみならず、製造・営業・財務・法務・総務などの組織を地球規模で展開しており、銀行家・弁護士をも巻き込んだ本格的な経済活動を行っている。その麻薬をビジネスとする犯罪組織の活動に対する資金面からの封じ込め措置として、一九八九年に米国でマネーローダリング（資金洗浄）規制法が制定され、収益洗浄行為も犯罪として処罰されることになった。マネーローダリングとは、薬物不正取引の犯罪行為により入手した金銭を特定の金融機関に不法隠匿し、合法的収入を仮想して処理するプロセスを指している。先進国首脳会議の一九八九年アルシュ・サミット経済宣言では、麻薬犯罪組織の資金面で封じ込める措置が盛り込まれ、これにより発足の金融活動作業グループによる一九九〇年四月報告は、国内法制の整備を求めていたが、以来、各国での禁輸規制が強まり、国際的協力による封じ込めに入った。

■アジアの麻薬問題

日本のアヘン規制

日本は、中国へのアヘン流入を目撃し、一八五六年一〇月日本・オランダ条約、続いて一八五七年一月日本・ロシア条約には、日本へのアヘン流入禁止が明記され、一八六八年に太政官布告でアヘン煙草の売買・吸飲禁止措置をとり、一八七〇年に販売鴉片烟律布告が出され、一八九〇年に阿片法が公布された。一九二九年九月コカ樹栽培取締令、一九三〇年五月麻薬取締規制、一九四五年一一月モルヒネ製剤の所有禁止・没収令、一九四七年四月大麻取締規制、六月覚せい剤取締法がそれぞれ制定・施行された。

日本のアヘン工作

日本は、中国東北における満州建国と日中戦争を通じて中国大陸で阿片政策を遂行した。元満州国高官古海忠之の証言によれば、一九三三年二月二三日関東軍がアヘン生産地の熱河省へ侵攻したのと同時に、日本軍はアヘンの生産に関与し（ただし、全満州での栽培は禁止された）、専売による資金は満州国の財政に補填された。これらのアヘンは、一九四一年一〇月発効の満州国・ドイツ貿易協定（一九三八年九月一四日調印）に従い、ドイツにも売り渡された。一九四〇年に日本軍は阿片麻薬禁断政策要綱を決定し、一方、一九四三年四月日本政府は東京で大陸地域関係者による阿片会議を開催し、阿片の生産地を満州・蒙疆と決定、アヘンを日本帝国主義政策の手段とすることを決めた。日本はアヘンを汪兆銘の日本傀儡政権に輸出し、民衆のアヘン吸引を増大させる政策をとった。台湾でもアヘン栽培が行われ、アヘンを使った民衆宣撫工作が行われる一方、そのアヘンは資金調達に活用された。これらの阿片政策は一九四五年の終戦まで続けられた。

中国の阿片対策

康熙年間にアヘンの吸飲が広がり、一七二九年の輸入は二〇〇箱に達し、政府は鴉片（アヘン）禁烟令を公布した。一七七三年以降、英東インド会社がインドから中国に持ち込むアヘンは一〇〇箱程度だったが、一八三四年四月には二万一八八五箱に達するほど、アヘン貿易が拡大し、英国はこのアヘン貿易を独占した。中国政府は一七二九年以来、アヘンの禁止措置をとってきたが、成果はなかった。湖広総督林則徐は、一八三九年五月広州商館を包囲し、英国に対しアヘン貿易の禁止を要求し、六月三日～二五日アヘン約二万箱を没収・焼却した。このため、英国は遠征軍を送り、阿片（鴉片）戦争を引き起こした。戦争は継続され、一八四二年八月二九日の南京条約で終結し、中国は半植民地にされた。

その後における英国のアヘン輸出は一八四三年の四万二六九九箱、一八四六年の三万四〇七二箱、一八四九年の五万三〇七五箱、一八五二年の五万九六〇〇箱、一八五五年の七万八三五四箱、一八五八年の七万四九六六箱と増大しつづけた。阿片戦争での不平等条約から、一八四三年一〇月英国のアヘン輸出は合法化され、引き続く一八五六年一〇月～五八年六月の第二次阿片戦争で、再びアヘン貿易は合法化され、それがためで、李鴻章政府の下では、一八七四年以降、一八八一年まで国内でのアヘン生産税の減少が続いたほどであった。日清戦争での中国の敗北から、中国人民衆の間に禁烟の声が高まり、一九〇〇年に江蘇省無錫に戒烟局が成立した。一九〇四年に福州商会が禁烟団体を組織し、民衆運動として禁烟運動が本格的に始まった。清朝は、世界最大のアヘン国として中国に対するアヘン問題をめぐる国際世論が高まるなか、一九〇六年二月禁烟令を発出し、一一月の禁烟章程の執行で、一九一七年までの一〇年以内のアヘン吸飲完全禁止に踏み切った。一九〇七年一月中英禁烟条約が調印され、英国も一九〇八年から一〇年間、つまり一九一七年をもって英国の中国向けアヘン輸出を完全停止にすることになった。一九〇九年二月上海で国際阿片会議が開催され、この禁止措置が支持された。一九一一年政府は各省のアヘン税を撤廃することにより、アヘンの生産を禁止する措置をとり、一九一二年三月孫文臨時大総統は禁烟令を公布し、九月には中国水上警察が英船上のアヘンを摘発した。臨時大総統となった袁世凱も、一九一二年六月アヘン禁止令を発布し、翌一三年二月北京で全国禁烟会議を開催、以降、政府はアヘンの取締りを強化した。中国は、一九一四年五月～六月第三回万国阿片会議に参加し、翌一五年一一月二日国際阿片条約に調印した。

一九一六年から一九二四年まで毎年平均して七省で反乱が発生し、一九二五年から一九二七年にかけ毎年一四省で軍閥の混戦状態が繰り返され、中国は軍閥政治の時代へ突入したが、それはアヘン権益をめぐるものであった。なかでも、一九二〇年代以降、四川では、軍閥がアヘン生産に着手し、一九二四年には四川軍閥劉　のもとにアヘン栽培奨励制度が確立し、全省で四〇〇〇～五〇〇〇〇万元の徴税に成功した。一方、北京の北洋軍閥も、主要産地でのケシ栽培を奨励し、予東では農地の四〇・五％でケシ栽培が行われ、上海がこのアヘン非合法貿易の中心地となり、一九二七年以降、東南アジアへの輸出が進んだ。一九二四年一一月～二五年二月ジュネーブで国際阿片会議が開催され、このアヘン生産の実状に対して、北洋政府は国際世論の非難を集中的にあびた。そこで、国民党政権の支配が確立して以後の一九二八年七月から一九二九年六月にかけ禁烟運動が広く展開され、一九二八年九月禁烟法を制定して、一一月に国民党総司令蒋介石の主導で全国禁烟会議が開催され、翌三〇年には実施細則が公布され施行された。さらに一九三三年から一九三八年まで第二次禁烟運動が展開され、蒋介石は一九三四年に提唱した新生活運動のなか、二月一九日南昌の五万人集会で禁烟を強調し、翌三五年に軍事委員会は禁烟令を公布した。抗日戦争が始まりその取り組みは難しくなかったが、アヘン吸飲の成果はあがった。

一九四九年一〇月共産党の毛沢東が北京で中華人民共和国の成立を宣言し、新政府は日中戦争と内戦に加えインフレで疲弊した国土の新建設に入ったが、その課題の一つとして、一九五〇年二月鴉片毒品厳禁通令が公布され、アヘン禁止の毒禁工作が続行された。一九五二年に政府の毒禁工作は強化され、四月中国共産党中央は毒品流行粛清指示を発し、一連の民衆大会などを通じてアヘン禁止教育運動が進められた。この運動を通じて七五〇〇万人が毒禁教育を受け、多くのアヘン組織は解散を強いられ、あるいは摘発された。

一九八三年から一九八九年にかけ、雲南で黄金の三角地帯から運ばれるアヘンの摘発が続き、三万一五四四人が逮捕された。一九八九年の摘発だけで三一八〇件、逮捕者は四四九一人に達した。同年、西安だけで五三七件の摘発、一二〇八人の逮捕をみた。一九八七年以来、中国雲南からタイ北部ビルマ（ミャンマー）、ラオス辺境に広がる、いわゆる黄金の三角地帯での生産の増大から、中国での吸飲者も増大をみた。一九九一年六月二四日北京で開催の全国禁毒工作会議で、一九八五年～一九九〇年の公安検挙件数は三万件、検挙者二万八〇〇〇人、うち判決を受けた者一万六〇〇〇人と報告された。そして一九九二年の吸飲者は二五万人で、一九九五年には五二万人、一九九九年には六八万一〇〇〇に達した。このため、政府による徹底した取締りと摘発が続けられており、西南地域では軍事作戦規模の弾圧がとられ、一九九八年六月八日第二〇回国連麻薬委員会で中国代表が完全禁毒のために世界各国と共同して努力すると発言し、阿片問題の解決を約束した。

北朝鮮の麻薬工作

北朝鮮は、国家政策としてアヘンの生産・販売システムを維持しているといわれる。

李福憲が、ダッカのテロ組織、アジア・シャロン本部の一員として、駐ダッカ北朝鮮大使館要員と接触し、一九九二年四月三〇日北朝鮮を訪問した。彼の目的は、ヘロインの北朝鮮への持ち込みにあった。一九九三年一月、一一月、一九九四年四月にも、彼は北朝鮮を訪問し、麻薬工作に関与した。羅南の製薬工場では、アヘンの生産ラインが活動しており、李福憲はマカオの北朝鮮の朝光貿易公司と接触し、東南アジアでのアヘン販売工作に従事した。以上の事実は、元朝鮮労働党地下工作責任者朴甲東が明らかにした。

一九七六年一〇月一五日デンマーク政府は、コペンハーゲンの北朝鮮大使館員全員を麻薬の密輸・密売罪で国外追放処分にした。この北朝鮮大使館員追放事件は、ノルウェー、スウェーデン、フィンランドにも拡大した。一九八三年五月一七日、インド駐在北朝鮮大使館商務官バン・ボンナムがニューデリー空港に入ったところを拘留され、六月一〇日彼は密輸容疑でインド政府により国外追放となった。その理由は麻薬密輸ルートをインドに設定したことにあった。

一九九四年六月、北朝鮮の一高官が政府工作として麻薬取引をしていることが、ロシア連邦防諜部のおとり捜査で発覚した。この関係者は一〇月、ロシア政府により実刑判決を受けた。

一九九七年四月九日、宮崎県日向市細島港に一五〇〇トン級の北朝鮮貨物船ジ・ソン二号が入港した。同船は四月五日南浦港を出航し、木材とハチミツ缶を積み込んでいたが、一六日下関港に寄港した際、極秘の摘発が行われ、覚醒剤約五九キロ（末端価格一〇〇億円）が発見された。この際、北朝鮮の秘密情報工作員も乗船しており、北朝鮮の国家関与が明らかとなった。

■東南アジアの麻薬ルート

黄金の三角地帯の阿片ネットワーク

一八三九年にタイは阿片禁止令を発したが、実際にはアヘンの吸飲が続き、一九四七年にタイ政府は東北部でのアヘン生産を奨励した。しかし、その生産は限定されたものであった（一九五九年にアヘンの栽培を禁止した）。一九六〇年代後半に、トルコでのアヘン生産量が減少したことで、国際麻薬シンジケートは、東南アジアのタイ東北部―ラオス―ビルマ三国にまたがる黄金の三角地帯といわれる辺境高原に注目した。一九六九年一二月以降、この三国国境地帯にアヘン精製所が建設され、そのアヘン生産は旧中国国民党軍の分子が支配し、彼らは一九六一年一月以来、ビルマのシャン州に基地を建設し、この地帯でのアヘン流通ルートを握り、さらに、米中央情報局（CIA）もこれに関与して輸送の一部を担うといったヘロイン戦略が展開された。しかし、そのCIA戦略は、一九七一年六月、ニクソン米大統領が議会で発表した麻薬根絶作戦の実施で中断され、インドシナの阿片ルートは限定されたものとなった。タイは、一九七五年まで、北部国境への外国人の立ち入りを、タイ共産党の活動を封じるとの理由で禁止していたが、これは旧中国国民党軍にとっては、その活動の黙認ということに通じ、そのヘロイン・ルートを間接的に保証するものであった。こうした方策を通じてラオスのモン人（メオ族）とタイ軍の協力が拡大し、ヘロイン生産は維持され、その活動はビルマのシャン州をも及んだ。だが、タイ政府の方策転換で、このタイ領内で麻薬生産を支配していたクン・サ軍の施設が、一九八二年にタイ軍によって破壊され、タイによるアヘン制圧作戦は成功した。

南ベトナムの麻薬工作

一九四六年、フランス情報部はベトナム抵抗組織マキの工作に入り、モン人（メオ族）を使いアヘンの生産に関与し、一九四八年四月には南ベトナムのビエンスエン教団と交渉してアヘンの流通支配にも介入した。一九五四年四月、ビエンスエン教団軍司令官ライ・バン・サイがベトナム警視総監となり、その流通支配権を握った。一九五五年四月二八〜二九日、ビエンスエン教団とベトナム共和国軍が衝突し、五〇〇人以上の死者が出たが、これによりゴ・ジン・ジエム南ベトナム首相はビエンスエン教団の弾圧に成功し、阿片ルートを支配した。以後、南ベトナム軍によるその支配が一九七〇年六月二二日まで続いた。

米国のラオス麻薬関与

一九六一年に米国は、ラオスにロンチェン基地を建設して、ラオスに関与し、一九六二年以来、モン人（メオ族）工作をすすめた。一九六四年五月のジャール平原事件で進出してきた左派パテト・ラオの活動を封じるべく、モン人がパテト・ラオ作戦に入り、米国は、この作戦の代償として、モン人の支配者バンパオ将軍によるアヘンの生産・支配を認め、一九六七年には、米中央情報局（CIA）がエア・アメリカ機とエア・コンチネンタル機でロンチェン基地からビエンチャンへのアヘン輸送を支援した。このアヘン工作は一九七一年八月ラオス空軍の爆撃で中断されたが、これら作戦はパテト・ラオによるのアヘン支配を封じる狙いもあった。ニクソン米大統領が一九七一年六月議会で麻薬撲滅作戦を打ち出し、これにより米国の阿片工作も終わった。

ラオスの麻薬事件

一九七七年一二月二五日、ビエンチャンの自宅で杉江清一駐ラオス日本臨時代理大使夫妻が惨殺死体で発見された。ビエンチャン市人民裁判所は一九七八年八月、タイ人商人モスミットと解職となったラオス人運転手カムポンスミットが共同して実行したとの判決を下したが、ラオス国営放送は、米中央情報局（CIA）と国内右派分子の犯行で、それは日本・ラオス外交関係を混乱させる策謀であった、と報じた。香港の『ファーイースタン・エコノミック・レビュー』誌バンコク特派員ジョン・マクベス記者は、この事件は、一九七七年末、日本人ブローカー、ラオス人木材業者、中国人バイヤーの共謀による約二〇トンの麻薬密輸計画を杉江が察知したことで、彼は口を封じられた、と報じた。同様な判断は、名越健郎が『メコンのほとり』で述べている。当時、ラオス政府は膨大な債務を抱えており、商工省を通じて麻薬密売を行うことで、債務削減を意図していた。それの密売に日本人Xが関与していたが、彼は一九七八年一二月突然ラオスを追放され、一九八一年一月不法滞在の容疑でタイ政府に逮捕されて、バンコクの刑務所に収容された。この日本人は元タイ麻薬王プリンシピと関係があった。この殺害事件での日本側調査が発覚したことで、一九七八年八月ラオス外務省は、日本人大使館員一人に四八時間以内の国外退去を命じた。

タイの麻薬対策

一九七〇年後半以降、アヘン禁止策の強化に入ったタイは、一九八二年一月一五日、シッティ・タイ外相がビルマを訪問し、密輸・麻薬協議を行った。続いてプレム・タイ首相の直接指示で、タイ国境警備隊がチェンライ県バンヒンテークで軍の支援を受けてアヘン組織クン・サ軍に大規模な攻撃をかけた。クン・サ側に死者八二人、負傷者一三〇人、タイ側に死者一七人、負傷者五〇人の犠牲が出た。クン・サ軍の活動再開で五月九日～一八日再び鎮圧作戦が実施され、さらに一〇月にはタイ空軍も参加してクン・サ軍の施設・キャンプを破壊した。政府は一二月七日、山岳住民への国家意識の涵養、山岳民族の作付けの転換促進、山岳住民の生活水準の向上と人口抑制などによるケシ栽培問題の解決策を決定した。

ミャンマー（ビルマ）の麻薬対策

少数民族はケシ栽培をその慣習とともに生活手段の一つとしてきたが、政府は、少数民族の自治問題で、独立以来、その解決に苦慮してきた。国軍による少数民族の自決闘争に対する弾圧作戦も続けられたが、その国軍もアヘン取引きに関与するという混乱が続いた。

政府は、一九七六年九月から少数民族が関与している麻薬撲滅五カ年計画に着手し、いわゆる黄金の三角地帯での麻薬密輸反乱分子の討伐作戦に入り、一九七四年～七八年に三万二八九三エーカーのケシ栽培地が解体された。さらに、国軍と警察は一九七九年一二月一八日～八〇年一月一〇日にヌガエバン作戦によってケシ栽培地一二〇〇エーカーを破壊した。しかし、その地域はクン・サ軍が支配しており、自決闘争を進める少数民族がその栽培に従事し、これには、国軍を含む関係勢力との連携もあって、複雑な状況にあった。

インドの麻薬事情

一九八〇年代後半に、インドは、世界麻薬市場向け主要供給国ともされ、数十万人のヘロイン中毒者が存在していると推定されており、政府の麻薬取締りは厳しい。

■中東の麻薬地帯

新三日月地帯の阿片ネットワーク

一九八九年二月アフガニスタン内戦への米国の干渉停止は、アフガニスタン・ゲリラによるケシ栽培を促した。産地はパキスタン辺境からアフガニスタンにまで広がり、一九九三年～九四年を通じて年間二六〇〇～二八〇〇トンを生産し、ここが世界最大の生産地となった。イランとインドでの監視網が強化されたことで、生産地は、以後、アフガニスタン東部から中央アジアのタジキスタン、ウズベキスタン、トルクメニスタンへと拡がった。チェチェン人が、スターリン体制下にドイツとの協力を理由にシベリアからアフガニスタンにわたる一帯に強制移住させられたことで、この時以来、チェチェン人が麻薬密売ルートのネットワークを支配することになった。その阿片ネットワークはトルコ、ヨルダン、シリア一帯にまで広がっており、新三日月地帯といわれる。その結果、一九八〇年代初葉に後退した黄金の三角地帯ネットワークに替え、一九九〇年代以降、この新三日月地帯の阿片ネットワークが機能している。

パキスタンの麻薬事件

アフガニスタンに接する山岳地帯は新三日月地帯の一部を構成しており、一九七六年に米国の経済・安全保障援助のもと、大麻生産への規制が求められた。一九七九年、東南アジアの黄金の三角地帯における天候不順によるケシ生産の後退で、国際市場の要請から、パキスタンを含む新三日月地帯での生産が始まり、ジアウル・ハク軍事政権は、一九七九年二月イスラム化政策導入の一環としてアヘンの売却措置を認めた。一二月ソ連のアフガニスタン侵攻を機、アヘンのヘロイン精製施設がパキスタンに建設され、一九八二年にランディコータル、ガッラ、バラでほぼ二〇ヵ所が摘発された。翌八三年にパシュトゥン人麻薬王シーク・ジュモルが逮捕され、彼は三年の禁固刑を受けた。一九八六年一二月一四日カラチでパシュトゥン人とムハジール人の衝突で五四人が死亡したが、この際、軍隊がパシュトゥン人地区に出動して大規模な武器・麻薬摘発作戦を実施してヘロイン二〇〇キロを押収した。これに伴う暴動はハイデラバードまで波及し、一六日までに一四六人が死亡し、一七〜一八日にも一八人が死亡した。政府は、一九八七年に収穫撲滅作戦を実施したが、アヘン生産には六〇万人以上がかかわっていて、その精製所は一九八九年に一〇〇ヵ所以上がバロチスタンのカイバル部族自治区、モーマンド自治区に集中していた。そして、その流通ルートとしては、カラチ空港から持ち出されるほか、カラチ港から中東諸国へ密輸されており、さらに、クエッタから陸路でイラン、トルコへ運ばれていた。一九八三年一二月オスロでパキスタン人運び屋が逮捕され、背後の組織が一九八五年一〇月摘発された。次いで、ペシャワールの麻薬マフィアによるマネーロンダリングが発覚した。一九八八年の麻薬常用者は二二四万人とされ（一九九〇年推計では二二二万人）、その半数がパンジャブ州で、バロチスタンでは一割にすぎない。カラチの若者九人に一人がヘロイン常用者といわれた。一九九〇年一〇月実施の総選挙では、いわゆる麻薬のボスが当選し、一九九一年四月辺境地帯のバロチスタン州議会議員の麻薬関与が判明した。

アフガニスタンの麻薬事情

アフガニスタンは、ミャンマーに次ぐ第二のアヘン生産国で、その大半がナンガルハル州とヘルマンド渓谷で生産されている。その生産物は、パキスタンの工場でヘロインに精製され、イランとパキスタンを通じて国外へ持ち出されている。

一方、イスラム原理主義勢力タリバン（イスラム神学生）が一九九四年に登場し、一九九四年九月カブールを制圧したが、タリバンはイスラム原理主義者を支援している一方、イスラム税の徴集をもってケシ栽培を公認し、そこで作られたヘロインはタジキスタン、ウズベキスタンおよびトルクメニスタン辺境を通じて新三日月地帯ルートで運ばれている。

イランの麻薬事情

イランは、パキスタンとならんで新三日月地帯の一部を構成し、一一世紀以来、アヘンを生産し使用もされてきたが、一九二四年、パハラビ王朝の樹立で、ケシ栽培は政府の独占事業となり、それによる麻薬の蔓延で、一九五五年に政府はケシ栽培の全面禁止を断行した。一九六九年、皇帝は制限付のケシ栽培の再開に踏み切り、新三日月地帯で生産されるアヘン一六〇〇トンのうち六〇〇トンを占めた。一九八〇年のイスラム革命以後も、その生産は続いた。

レバノンの麻薬事情

ベイルート＝ダマスカス・ハイウェーが通ずるベカー高原にレバノン内戦でパレスチナ人がなだれ込み、ベカーは穀倉地帯からハシシュの生産地に変わった。その中心となったバールベックは、一九七七年に一〇万トンのハシシュを生産した、その大半はブルガリア経由で密輸された。生産には三〇家族が従事し、パレスチナ人はその代価で武器を購入した。それはレバノンの外貨収入の三〇％を占め、パレスチナ・ゲリラ、レバノン軍、およびシリア軍がその生産を保障した。一九八二年の国際麻薬規制委員会の報告では、レバノン内戦で生産が拡大し、イスラエルへ持ち込まれるルートの危険性も指摘された。

トルコの麻薬事件

一九九七年一一月三日、西部のススルルックや各地で、一九九六年一一月三日に高速道路で起きた交通事故をきっかけに民衆の抗議デモがあった。この交通事故は、極右マフィアのボス、アブドラ・チャトゥルの乗用車がトラックと衝突し、乗用車に同乗っていた元イスタンブール警察署副署長とチャトゥル、そして女性一人が死亡し、中道右派の正道党（ＤＹＰ、旧正義党）国会議員セダット・ブジャックだけが一命をとりとめた。警察はチャトゥルを護送中の事故と説明したが、その後の捜査で、政治家―警察―マフィアを繋ぐ秘密組織の実体が浮かび上がり、政界の腐敗が明らかになった。これに対する民衆の抗議がこのデモであった。

トルコは、中国新疆のウィグル人から中央アジア・イスラム諸国の原理主義勢力まで、オスマン主義のトルコとしてイスラム原理主義勢力の活動を容認しており、反政府勢力のクルド労働党までが麻薬資金で活動している。

■アフリカの麻薬事情

モロッコの麻薬生産

大麻栽培国の一つであるが、大半は国内消費のためのハシシ生産で、一部がヨーロッパ、特にフランスとアフリカ諸国に流れている。ラテンアメリカのコカインとアジアのヘロインのヨーロッパ向け中継国としても知られる。一九八七年、政府は大麻の栽培代替・根絶計画に着手した。

ナイジェリアの麻薬ネットワーク

一八八四年一月から一〇月にかけ、ラゴス空港で、麻薬密売容疑で一〇二人が逮捕された。以降、一九八六年から一九八七年にかけてヘロインの運搬人の摘発が目立ち、一九九二年に警察が摘発したアフリカ人対象者は六〇〇〇人で、うちナイジェリア人は二〇〇〇〇人に達した。政府当局の関与も報じられた。

一九八五年八月ブハリ政権を追放したイブラレム・ババンギダ陸軍参謀総長のクーデタは、メリカム・ババンギダ夫人の司どる麻薬ネットワークに介入したために起きており、このネットワークはセネガル、リベリアを含む、イスラム西アフリカ流通ルートとしてラテン・アメリカ＝ヨーロッパ・ルートの拠点である一方、西アフリカ・コカイン・ルートも支配していた。一九九三年、ババンギダ支配に対決したアバチャ・キリスト教政権は、このイスラム・ネットワークに挑戦し、厳しい対決となったが、それを後継したオバサンジョの影響力は、一九九八年の彼の死去まで続いた。

■ヨーロッパの麻薬ネットワーク

イタリアの麻薬戦争

ナポリでは、犯罪組織カモッラによる街の裏支配が続いてきた。それは、カモッラがナポリの市民秩序の維持に与るという側面もあったからであり、一八六〇年九月イタリア統一の父ガリバルディのナポリ無血入城の成功も、事実、カモッラの民衆操作によるところの役割が大きかった。その後、ナポリの為政者はその組織の解体に着手し、第一次ナポリ・カモッラ戦争が起きたが、これによりカモッラは秘密結社的性格をいっそう強めることになった。一九〇七年以降、カモッラへの弾圧が再び着手され、一九二二年一〇月三一日ムッソリーニのファシスト政権が成立すると、ムッソリーニはシチリアのマフィア秩序への介入を一掃せんと企てた。一九二五年九月におけるムッソリーニのファシズム宣言とともに、一九二六年二月マフィアの一斉摘発が行われ、パレルモ県だけでほぼ五〇〇〇人が収監された。シチリアのマフィアやカラブリアのヌドランゲタ、そしてナポリのカモッラが摘発の対象となり、一九二七年におけるカモッラ成員の逮捕者数は四〇〇〇人以上に及んだ。そのためナポリのスラムに寄生したこの犯罪組織は窒息寸前となった。このマフィア掃討作戦は一九二八年まで実施され、のべ一万一〇〇〇人が収監された（第二次ナポリ・カモッラ戦争）。

だが、一九四六年、ファシズム国家イタリアの崩壊によって、再びカモッラの組織が復活した。ナポリは依然、カモッラの隠然たる経済支配を継続したが、今度は新興の改革カモッラと左派テロ組織、赤い旅団（ＢＲ）が結んだ。警察はカモッラとの抗争を強め、第三次ナポリ・カモッラ戦争となった。一九七八年のカモッラ側の死者は六二人、一九七九年は八五人、一九八〇年は一四八人、一九八一年は二三五人、一九八二年は二六五人に達した。かくして治安の強化は功を奏し、一九八三年に第三次ナポリ・カモッラ戦争は終わり、一九八八年までカモッラの新興勢力派による旧派幹部の処刑が続いた。

一九八七年一二月一六日、パレルモ特別法廷でシチリアのマフィア幹部一九人に終身刑、メンバー三一九人に対し総計二六六五年の懲役刑の判決が下った。これに対し、元パレルモ市長、検察側証人二人ら多数がマフィアによる連続報復の殺害を蒙った。この判決に続き頻発したシチリアの犯罪組織マフィアによる連続報復殺害テロに抗議して、パレルモ市長ら二〇〇〇人が一九八八年一月一六日マフィア抗議集会を開いた。一九九二年五月二三日、このマフィアに対する告発から、シチリア島パレルモでマフィア対策責任者ジョバンニ・ファルコーネ治安判事に対する爆弾テロの殺害が起きた。この殺害で、市民一〇万人がパレルモで再び抗議デモを繰り返した。七月一九日判事パオロ・ボルセリーノが殺害され、政府はマフィア取締りのためにシチリア島へ軍約七〇〇〇人を投入し、八月マフィア犯罪防止措置を実施した。一一月には最大規模のマフィア摘発のための「ヒョウ作戦」を実施、七七人が逮捕された。

マルセイユの麻薬ネットワーク

一九五一年五月二三日、マルセイユ警察はヘロイン秘密工場を摘発し、一九五二年三月一八日にも再度の摘発が行われた。この工場は、イタリアで合法化されていたアヘンの流通が一九五一年に禁止されたため、新たに設けられたものであった。これによりマルセイユ・ネットワークは封じられた。

ブルガリアの麻薬コネクション

一九七八年に黒海に面するバルナで国際麻薬会議が開催されたが、英国は一九八〇年の第二回バルナ会議への参加を拒否した。それは、ブルガリアの首都ソフィアにあるブルガリア共産党秘密機関キンテックスKINTEXが麻薬工作に関与していることが判明したからであった。一九八一年五月にローマ教皇ヨハネ・パウロ二世のソフィア狙撃事件が起きたが、これにも麻薬業者が関与していた。一九八二年七月ソフィア駐在米大使ロバート・バリーは、ビトシャが麻薬市場である、と公然と指摘した。トドル・ジフコフ政権はその麻薬取引と関与を否定したが、ソフィア狙撃事件などを通じてブルガリア・コネクションが判明した。

アルバニアの麻薬コネクション

ユーゴスラビア、特にコソボ自治州でのアルバニア人弾圧により、スイス・米国、ドイツに移住したアルバニア人ネットワークの麻薬ルートが形成された。それはコソボ人の抵抗闘争のため兵器調達として麻薬の密売をみている。

中央アジアのコーカサス・コネクションとチェチェン・ルート

コーカサス諸国は、ロシアとトルコの間に挟まれ、トルクメニスタン、イラン、トルコ、アルメニア、アゼルバイジャンが介入しているが、ここにアフガスタン、トルコから持ち込まれた麻薬は、グルジアのアブハジア人支配の海港スフミからチェチェン人・イングーシ人・オセット人が関与したルートでヨーロッパへ持ち込まれている。もう一つの海港ミバトウミは、グルジアが押えているが、ここからもトルコとアゼルバイジャンが関与したルートで、麻薬がヨーロッパへ運ばれている。ロシアのチェチェン弾圧は、この麻薬ルートの抑圧でもあった。

■西半球の麻薬ルート

米国の麻薬対策

一九八一年にフロリダ州メトロデイド地区で六一八人の殺害事件があり、うち一三六人が麻薬に関係していたことが判明した。以来、麻薬に対する民衆の怒りが爆発し、フロリダでの麻薬弾圧が進んだ。一九八一年一一月大マイアミ商工会議所は、マイアミ州による麻薬取締りでは不十分であるとの認識から、商工会議所の支援で反麻薬組織<犯罪に抵抗する市民たち>を誕生させ、ホワイトハウスに対し麻薬取締りの圧力をかけた。これによって、翌八二年一月二一日麻薬問題への関与が禁じられていたＦＢＩ（米連邦捜査局）が麻薬追放のキャンペーンを担うところとなり、麻薬取締りに着手した。一九八六年五月ニクソン米大統領は、全国人民に対し一九六〇年代以降、麻薬の吸飲が異常に増大し、吸飲者は六万人を超えていると指摘し、一九八〇年代を通じてそれを食い止めなければならない、と呼びかけた。一九八八年一一月米議会は麻薬規制法案を採択し、これにより不法な麻薬保持者には五万米ドル以下の罰金が課されることになった。

米州大陸の麻薬封じ込めのため、米国政府は一九九一年に反麻薬作戦に着手し、五年間で関係国に対し総額二六・五億ドルの援助、特にコロンビア、ボリビア、ペルーの三主要麻薬国に対し二〇米億ドルの援助を行い、コカ生産の根絶に入った。

メキシコ麻薬事件

米国に接するメキシコは、コロンビア、ボリビアと結んで麻薬密売の一拠点であった。

メキシコで麻薬マフィアの存在が知られるようになったのは一九七〇年代から八〇年代にかけてで、ゲレロ州、ミチョアカン州、ハリスコ州、シナロア州など辺境地帯でケシ栽培とマリファナの生産が始まった。このため、一九七六年にコンドル作戦が着手され、とりわけマフィアの生活活動の中心地シナロア州では大がかりなマフィア撲滅作戦が実施された。これに対し、彼らマフィアの首領、フェリクス・ガジャルドは活動拠点をシナロア州からグアダラハラ州へ移してケシ栽培地に入り、マリファナを北へ送るルートを開設した。さらに、左翼ゲリラ組織、シナロア自治大学の病める者たち、貧民軍、九月二三日共産党連合などが麻薬マフィア資金にむらがる一方、これら組織はケシ栽培地の警護に当たった。

一九八四年九月コロンビアのメデリン麻薬マフィアのロドリゲス・カチャ（通称エル・メヒカノ）がフェリクス・ガジャルドを訪れ、ここにメキシコ・ルートが成立した。一九八二年のメキシコ経済危機もあって、マフィアの生産・流通ルートが拡がり、一九八五年二月エンリケ・カマレナ・サラサール暗殺事件で、麻薬マフィアの関与と内紛が判明した。

一九八五年二月グアダラハラ駐在の米麻薬取締官が誘拐・殺害される事件が起こり、これへのメキシコ警官の関与も判明した。また、これに関連してメキシコ外交官が、相次いで麻薬スキャンダルで摘発された。九月駐メキシコ米大使ギャビンは、米国へ入るヘロインの四〇パーセント、コカインの三〇・五パーセントはメキシコでの栽培され、またはそこを経由して持ち込まれていると警告した。そこで、一九八五年、米国は、メキシコに対し麻薬製造・密売の取締りを強く要請し、メキシコは以後、その取締りで全面的に米国の支援に従うことになった。

一九九〇年代に活動している麻薬マフィアは、チワワ州での生産・流通を握るファレス・カルテル（首領はラファエル・アギラル・グアハルドで、カンクンで暗殺され、ラファエル・ムニョス・タラベラが後継した。一九九二年に彼もティファナ州で逮捕され、その後の首領は一九九三年にメキシコ市で銃弾を受けたアマド・カリージョであったが、彼は一九九七年七月死去した）、シナロア州での生産・流通を握るシナロア・カルテル（首領はホアキン・グスマン、通称エル・チャポで、彼は一九九三年五月グアダラハラ空港付近でのファン・ヘスス・ポサダス・オカンポ司教の暗殺事件により、同年、グアテマラで逮捕された）、米国に接する都市ティファナを根城に米国カリフォルニア州で取引を行っているティファナ・カルテル、メキシコ第二の都市グアダハラ周辺を中心に活動しているハリスコ・カルテル、タバスコ州・ベラクルス州・タマウリパス州などゴルフォ湾周辺での流通ルートを握っているゴルフォ・カルテル（首領はファン・ガルシア・アブレコで一九八六年にモンテレナで逮捕、彼は一九九三年のアマド・カリージョ襲撃事件、一九九四年九月メキシコ・シティで発生した一九八七～九三年にゲレロ州知事であった制度革命党PRI書記長ホセ・フランシスコ・ルイス・マシュー暗殺事件、一九九四年三月ティファナ市での大統領候補コロシオ暗殺事件のいずれにも関与していた）、さらに、中部太平洋岸のコリマ州を中心にメタフェミン取引を行っているコリマ・カルテルがある。

一九九六年一月一四日には、メキシコ最大の麻薬組織、ゴルフォ・コカイン・カルテルの首領ファン・ガルシア・アブレゴが逮捕され、国外追放となり、米国に引き渡された。このアブレゴの逮捕で、一九九七年二月その逮捕の責任者、国家麻薬取締局INDC長官ホセ・ヘスス・グティエレス・レボージョ将軍も逮捕され、政府とカルテルのコンツェルンが明らかとなった。これによりINDCは廃止され、検事総局の活動が強化された。

一九九七年に軍もしくは検事総局が摘発し撲滅させた麻薬量は、コカイン三四九・五容積トン、マリファナ一〇三八容積トン、ヘロイン一一五キロ、アヘン三四三キロ、メタンフェミン三九キロ、エフェドリン六〇八キロで、またケシ栽培地は一万七七三一ヘクタール、大麻栽培地は二万三五七六ヘクタールであった。

コスタリカの麻薬対策

一九九九年九月八日コスタリカは沿岸警備隊を創設したが、同警備隊は米国沿岸警備隊と協力してカリブ海周辺で麻薬密輸監視に乗り出した。

ホンジュラスの麻薬事件

一九九四年四月五日、政府は同年三月にカルロス・ロベルト・レイナ大統領の暗殺計画があったと発表した。これについては、麻薬取締りに反発する密売組織の計画説があり、またニカラグアの関与説もあった。

バハマの麻薬ルート

米国向けコカインとマリファナの主要中継国としてのバハマの役割が注目された。一九八三年一〇月リンドン・オスカー・ビンドリング首相は、麻薬密輸業者によって政府高官が腐敗している、と公言し、この調査を開始し、閣僚五人が辞職した。一九八四年二月ウィーンで開催の国連麻薬規制委員会で、バハマにおける麻薬取引のオフショア金融システムの調査がとりあげられたが、バハマはこの調査介入は受け入れなかった。一九八七年に、政府は、新銀行規則を制定してマネーロンダリングを封じた。

一九八七年に政府はバット作戦を展開し、徹底した麻薬摘発に着手し、翌八八年には海上取締りに入った。

ハイチの麻薬事件

一九八六年二月、ジャン・クロード・デュバリエ大統領が米国政府提供の空軍機で国外に脱出し、独裁に終止符を打ったが、以後、米国は麻薬の密輸を封じるべくハイチに関与した。

キューバの麻薬工作

キューバのフィデル・カストロ首相は一九七九年以降、対米工作の一環として麻薬業者との取引に入った。「マリエル・ボートリフト」というキューバ難民の亡命計画で、一九八〇年に一三万人のキューバ人が米国に入国したが、その難民の大半は麻薬密輸の特別訓練を受けていて、三〇〇〇人が秘密工作員であった。一九八三年五月から一二月までのマリエル・ボートリフトで米国に流入した難民六二八八人を、その麻薬容疑で、ニューヨーク警察は逮捕した。一九八三年四月レーガン大統領は、カストロ政権の高官が麻薬の密輸に関与している、と指摘した。

一九八四年、パナマ国軍司令官アントニオ・パルマ・ノリエガ将軍とコロンビアのメデリン麻薬カルテルとの間で四六〇万ドルの麻薬取引をめぐるトラブルが生じたが、キューバ政府がその仲裁に入り、パナマを説得して解決した。これは、米連邦麻薬取締局に狙われたパナマのコカイン精製所を守るために、メデリン・カルテルがノリエガ将軍に四六〇万ドルを支払ったものの、結果的に破壊され、その返金を要求したことから起こった。この事件は、一九八七年一一月マイアミの連邦法廷におけるコロンビアのメデリン・カルテル幹部カルロス・レーデルの陳述によって明らかとなった。

一九八九年六月、アルナルド・オチョア将軍ら一四人が、メデリン・カルテルの麻薬取引に関与したとして逮捕され、七月に銃殺刑となった。この事件は体制の引き締めとも解され、フィデル・カストロ首相の暗殺計画の発覚に関係していたとの推測もあった。

パナマのノリエガ麻薬関与

米国はパナマの軍事独裁者、国軍司令官アントニオ・パルマ・ノリエガ将軍を、一九八八年二月二四日にマイアミとタンパの両大陪審に対し、麻薬密輸への関与で四六〇万ドルを受領したとして、起訴した。二五日デルバイエ・パナマ大統領がノリエガ軍司令官を解任し、二六日議会は逆にデルバイエ大統領を罷免する決議を採択した。このノリエガ解任の理由は、米国での麻薬密輸関連の起訴、ノリエガの国際的麻薬取引関与からであった。二月一八日マイアミでデルバイエ大統領とエイブラム米国務次官補が秘密会談したが、その背景には、ノリエガの打倒を狙う米国の意図があった。アルゼンチン・ペルーなどラテンアメリカ五カ国は、この大統領罷免は民主主義に反するとして、大使を米国から召還した。他に、主要国八カ国は、二月二六日のカルタヘナ外相会議で、パナマの資格停止を決めた。これに対し、キューバとニカラグアはノリエガを支持した。

この解任事件で反政府運動が激化し・二月二八日、一九八七年六月以来、反政府運動を展開してきた〈市民十字軍〉（労働組合、商工会議所など二二六団体で構成）によるノリエガ退陣を求めるデモが公然と行われるところとなり、続いて市民十字軍はゼネストに突入した。米国は、これに乗じてパナマに軍事介入した。三月三日に、米国はパナマの在米資金五〇〇〇万ドルを凍結し、一四日パナマ運河使用料（月額六五〇万ドル）支払い停止・パナマ貿易優遇措置の停止などの経済制裁を発動し、罷免されたデルバイエ前大統領政府を合法政権とした。さらに、ノリエガとの対決から、一九八九年一一月三〇日には、来る一九九二年二月一日以降、パナマ船籍船舶の米国立ち入りを禁止すると声明し、制裁措置をとった。ノリエガ将軍は一九九〇年一月三日米軍に逮捕され、一九九二年七月一〇日マイアミ連邦地方裁判所で禁固四〇年の判決を受けた。ノリエガ問題の解決で、米国は同九〇年一月、パナマへの経済援助を再開し、経済制裁の解除を決めた。

一九九六年四月上旬、駐留米軍がパナマでＡＷＡＣＳ（空中警戒管制システム）機を投入して大規模な麻薬掃討作戦を実施した。

銀の三角地帯のコカイン・ネットワーク

一九六八年以降、ペルー軍事政権がアンデス山地とアマゾン周辺の開発を放棄したことで、農民が再びコカ栽培に従事するようになった。左翼ゲリラ組織〈センデロ・ルミノソ（輝く道）〉は一九八四年以降、農民の組織化とともにコカイン生産を軌道に乗せ、コカイン生産・流通の支配によって資金調達を確保した。センデロ・ルミノソとコカイン生産への弾圧により、一九八〇年代後半以降、その栽培地はコロンビアにも広がり、コロンビアで麻薬戦争が起こった。米国は、一九九三年〜九七年にコロンビアで麻薬制圧作戦を実施した。さらに、エクアドル・ボリビア・ブラジルにも広がり、ここでも米国は、制圧作戦を行った。その流通ルートはパナマに移り、麻薬制圧作戦に乗り出した米国は、ノリエガ将軍の麻薬関与を摘発する一方、一九九六年四月にパナマで麻薬制圧作戦を実施した。このペルー・コロンビア・パナマの麻薬地帯はアマゾンの銀（十字架）三角地帯といわれ、それに連なるボリビアでは、カストロ派ゲリラ組織〈トゥパク・カタリ〉分子が関与して約三万戸、二〇万人がコカ栽培に従事している。さらに、キューバも、その取引と工作の一翼を担った。

コロンビアの麻薬戦争

一九七九年七月、世界最大のコカイン密輸組織、メデリン・カルテルがカリブ海を中継基地として大型の輸送機による密輸を行っていたことが確認された。このメデリン・カルテルは一九九一年六月最高幹部パブロ・エスコバルの逮捕（のち脱走、一九九三年一二月二日に治安部隊が射殺）、一九九五年六月同ヒルベルト・ロドリゲス（ナンバー2）、八月ロドリゲスの実弟ミゲル・ロドリゲスの逮捕で組織が弱体化し、一九九六年三月に新首領ファン・カルロス・ラミレスが就いた。

ビルヒリオ・バルコ政権は、一九八四年四月布告の戒厳令に基づく超法規的措置で、米国で起訴されているメデリン・カルテルのメンバーの引き渡しと同カルテルの資産接収の方針をとった。これに対し、メデリン・カルテルは同四月、ロドリゴ・ララ・ボニヤ法相を暗殺し、一九八九年八月一八日には大統領選挙で麻薬取締まりを訴えていた与党自由党のルイス・ガラン上院議員を、首都サンタフェデボゴタ近郊のソチャで行われた一万人の政治集会の演説中に暗殺した。こうして、メデリン・カルテルは同四月二四日、裁判官・政治家・報道機関に対する全面戦争を宣言し、一九八九年後半を通じてメデジン・カルテルによるテロ活動が激化し、一九九〇年一月末までに二六〇件以上の爆弾テロが発生し、二〇九人が死亡した。しかし、一九九〇年一月にメデリン・カルテルは、政府による鎮圧作戦の勝利を認めた。

一方、同九〇年一月米空母をコロンビア領海に威嚇行動をもって展開し、米国は巨大麻薬組織がコロンビアにあるとして麻薬対策の強い実施を求めた。政府は麻薬弾圧を進めたが、一九九三年にも、麻薬密売組織と結びついた左翼ゲリラによるテロが続いた。セサル・ガビリア・トルヒジョ政権は一九九二年一一月に期限切れになる非常事態宣言を、一九九三年二月七日議会の承認を経て九〇日間、延長した。二月からの三カ月間に爆弾テロが一八〇件発生し、市民一二一人、兵士・警官九七人など計二二一人が犠牲となった。八月五日に同宣言は解除されたが、以後もテロは続いた。八月二八日に首都サンタフェデボゴタ近郊で警察車両が爆破される事件が起こり、警官一三人が死亡した。九月を「黒い九月」と位置づけ、政府は全面攻勢に出た。一九九三年四月二六日、コロンビア人がコスタリカの最高裁判所を襲撃して、判事を含む二六人を人質にとり、麻薬密売の罪でコスタリカで服役中のコロンビア人の釈放を要求した。一二月二日メデリンで麻薬密売組織が摘発され、銃撃戦となった。一九九五年三月三日政府は、麻薬組織カリ・カルテルの最高幹部一人を逮捕した。六月一一日にはメデジンで爆弾テロが起きたが、八月六日その組織の中心人物ミゲル・ロドリゲスを逮捕した。八月一二日に北部の四カ所で銃乱射事件が起こり、一六日全土に三カ月間の非常事態宣言が布告された。こうした麻薬グループの対決のなか、一九九六年一月学生によるサンペル大統領の辞任要求デモが起きたが、それは、二月一四日コロンビアの警察がカリ・カルテルと関係していたエルネスト・サンペル・ピサノ大統領を麻薬資金疑惑で告発していたことに関係あった。これに対し、米国は三月一日、コロンビアに対し麻薬対策に協力していないとの理由で、経済制裁に踏み切った。さらに、七月一一日に米国政府は、サンペル大統領が麻薬組織を助けたとの理由で、米国への入国を禁止した。コロンビア政権内部でもサンペルへの批判が続き、九月一〇日ウンベルト・デラカジェ・ロンバナ副大統領は大統領の辞任を強く訴えて、自ら辞任した。しかし、一二月下院本会議は、大統領麻薬疑惑で訴追に足る十分な証拠はないと、大統領弾劾を見送った。一九九六年六月カリ・カルテルの七幹部のうち六人が逮捕され、カルテルはほぼ壊滅した。

一九九七年一月三〇日、左翼ゲリラの麻薬工場が摘発された。一〇月五日、米国はコロンビア駐在大使を召還したが、サンペル大統領は、これは米国麻薬局の陰謀である、と反発した。九月二七日サンタフェデボゴタでサンペル大統領顧問が武装集団に銃殺された。これについては、アメリカの関与説も流れた。

一九九八年時のコカ栽培面積は八万ヘクタール、大麻面積が七〇〇〇ヘクタールとされ、生産量はコカ一二五トン、大麻六六トンで、麻薬関連の収益は年間三〇～五〇億ドルとされる。

エクアドルの麻薬対策

一九九三年一二月一六日、北部で軍・警察部隊が麻薬撲滅作戦を展開したが、麻薬の工作に関係していたゲリラの襲撃で九人が死亡し、二四人が行方不明となった。

ペルーの麻薬対策

一九六八年成立のホアン・ベラスコ・アルバト軍事革命政権は、農地改革を打ち出し、石油の国有化による開発路線をとったが、アンデス山地とアマゾン周辺の開発を放棄したたことで、農民は再びコカ栽培に従事し、一九六四年にペルー共産党から分離して発足した革命ゲリラ組織〈センデロ・ルミソノ（輝く道）〉が一九八四年以降、農民の組織化とともにコカイン生産を軌道に乗せた。このコカイン生産・流通の支配によって、〈センデロ・ルミソノ〉は資金調達を容易にした。この地域では四〇以上の密売組織が活動し、その恩恵に与かる者は一二〇万人以上といわれた。一九九〇年七月成立のアルベルト・フジモリ政権は、左翼ゲリラ対策と麻薬組織の撲滅をスローガンに秩序回復に入り、一九九二年四月憲法停止の緊急措置をとったが、そのために〈センデロ・ルミソノ〉は翌九三年以後、ゲリラ活動を大きく後退させた。以後、〈センデロ・ルミソノ〉は勢力回復のためにいっそうコカインへの依存を深めるところなる一方、コカイン生産への弾圧でその勢力は後退を強いられた。

一九九二年四月五日〜一〇日、軍部が裁判所に持ち込まれていた麻薬秘密文書の三分の一を破棄処分したという問題が起き、軍と麻薬組織の結び付きが明らかとなった。一九九四年一月コロンビアでのペルー人麻薬密売の腰元チャベス・ペニャエレーラの逮捕とペルーへの引渡しとなり、さらに一九九四年一二月フジモリ政権は、密売人と共謀した軍人一〇〇人余を告訴して、ここに軍部のかかわりが白日のもとに曝された。

アンデス東部のコカ葉はペルーが世界有数の産地とされ、コカ栽培には二〇万人が関与し、その収益は三〜六億ドルとされる。政府は、一九九〇年以降、二〇一〇年までのココアの代替作物化を進めており、一〇億ドルが投入されることになっている。

ボリビアの麻薬対策

コカインの密輸収入は、それをめぐってクーデタが繰り返されたほどに、ボリビア社会に与える影響が大きかった。一九七九年一一月に暫定文民政権が発足したが、一九八〇年六月の総選挙でルイス・ガルシア・メサ将軍が政権を奪回し、七月同政権が発足した。米国は、ガルシア政権の人権弾圧と麻薬密輸に抗議してボリビア駐在大使を引き揚げ、ボリビアへの軍事・経済援助を停止した。この麻薬措置に対処して、一九八一年にガルシア大統領は、陸軍の実力者アルセ・ゴメス内相ら四閣僚を更迭した。この解任に抗議して、五月以降、軍が各地で反乱を起こし、結局、八月四日ガルシア大統領は辞任し、軍事政権に移行した。軍事政権は、米国からの圧力もあって、一九八五年八月に米軍の介入で軍隊を投入して精製工場を摘発した。そして一九八六年一一月米軍が引き揚げ、政府三軍による麻薬撲滅のための新機関が設けられた。さらに、一九八七年七月から三カ月にわたり米軍当局と米捜査官および一七〇人余のボリビア軍を動員してコカイン生産工場壊滅作戦が実施された。ここでの米軍の導入は、国会の承認を得なかっただけに、内外の反発を招いた。

政府は、一九九八年八月以降、米国からの麻薬対策支援四五〇〇万ドル、経済援助二三五〇万ドルを受けており、二〇〇二年までに栽培地四万六九〇〇ヘクタール（一九九七年推定）の根絶対策をとることになっている。

ベネズエラ（ベネズエラ・ボリバル）の麻薬対策

コロンビアの密売業者が国境地帯のベネズエラ・ボリバルで大麻とコカを植え付けたために、政府は一九八七年に国境監視を強化した。

ブラジルの麻薬対策

ブラジルはコカインとマリファナの中継地であったが、コカの一種、エパドゥの栽培が広がっていて、一九八七年に警察はジャングル地帯での摘発を行った。隣国ボリビアおよびコロンビアからの密輸が増大し、同年、ブラジルは国境警備を強化した。

一九九四年一〇月三一日、政府は麻薬の密輸鎮圧作戦に入った。

訳者あとがき

麻薬問題は、依然として古くて新しい問題である。その記録は紀元前に遡る。ギリシャの叙事詩「イリアス」にも、その一文がある。近代史では、ペルーのコカ戦争、中国と英国の阿片戦争もあった。現代世界では、タイ─ミャンマー─ラオス中国国境地帯に広がる黄金の三角地帯、アフガニスタンを中心にパキスタン、イラン、トルコ、そしてコーカサスに及ぶ新三日月地帯、さらに、コロンビアを拠点にパナマ、ボリビア、あるいはペルーを含む銀（十字架）の三角地帯の麻薬ネットワークが代表的なものである。しかも、いうまでもなくそれに限定されているわけではなく、地球規模のネットワークが成立している。それは、国家政策として阿片の生産販売が維持されてきた面もあったが、マフィアの活動としてその管理と販売が維持されてきているところもある。原住民族による長い間の伝統的儀式、慣習による使用だけでなく、現代の先進社会では、若者を中心に一般民衆の──これを「現代の遊牧民」とよぶ──潜在的使用が著しい。というのも、古来、ケシ（芥子）の茎や莢、コカ（古木可）の葉は「意識状態を変える物質」として使用されてきたし、現代の遊牧民も同様だからである。

この問題をめぐる分析は、戦略地政学の領域である。地政学は領土と人間をめぐる権力関係を分析の対象として発達してきた学問であるが、麻薬は、いずれの形であれ、まさしく土地の支配をめぐる攻撃と防衛の戦略に限定されており、その拡がりの空間も顕在的というよりは潜在的なものとして作用している。その意味では、ペルーのアンデス山中、特にワジャガ渓谷の住民の支配をめぐって生じたように、国家当局にしても、その支配に抵抗したゲリラ組織や独立闘争団体にしても、その土地の支配こそがキイであった。あるいは国家から独立した一般的に反政府組織とされる組織のマフィアから中央アジアのチェチェン人の仲間、ミャンマー（ビルマ）の旧中国国民党軍・派、シャン人などの少数民族の組織まで、その戦略的企図は、いわゆるアヘンの栽培地とその耕作住民の支配をめぐるものであった。そして、それに付随したコカイン、アヘンの加工施設と密売をめぐる流通ネットワークの形成は、国家にしても独立組織にしても、それぞれの立場での戦略的地政学の展開を帰結づけている。さらに、現代人のその利用をめぐる空間状況も同様とされよう。したがって、この主題の解明は、戦略地政学の領域である。

本書 Alain・Lablousse & Michel Koutouzis, *Géopolitique et Géostrateegies des Drougues*, Paris: Economica, 1996は、この視点から麻薬と紛争問題を分析しており、したがって書名を『麻薬と紛争——麻薬の戦略地政学』とした次第である。

著者アラン・ラブルースは麻薬社会学の専門家で、世界の麻薬ネットワークに対する対抗ネットワークの麻薬地政学監視機構ObservateurGéopolitique desDrougues（OGD）の創設者である。共著者のミカエル・コウトゥジスは、民族学者で『麻薬世界地図』の共同執筆者で、バルカン・コーカサス地帯の麻薬状況に詳しい。本書は、ロロ・パスカル編集の地政学叢書の一冊として刊行され、同叢書では、ロロ・パスカル『地政学史』、クレスザ・ミエトコウキー・エワ『中央ヨーロッパの地政学』、メルリー・マルセル『現代国際関係の分析軸』などが刊行されている。

ここで、麻薬用語の説明をしておこう。

ケシ（芥子・罌粟・米嚢花）：ケシ科の越年草で、約一メートルに達し、五月頃、紅紫白色などの四弁の大きな花を開く。未熟な果実の乳液からアヘンモルヒネを製する。ちなみに、本来の芥子は、護摩にたくナタネ（菜種、アブラナの一種）のことを指している。

アヘン（阿片・鴉片）：ケシの未熟な果殻に傷をつけて分泌する乳状液を乾燥して得たゴム状の物質。モルヒネ、コデイン、パパベリン、ノスカビンなど、種々のアルカロイドを含み、催眠作用を呈する。

コカ（古加・古木可）：ケチュア語でペルー原産のコカノキ科の低木。高さ二メートル、葉は楕円形、初夏に黄緑色の小花を咲かせ、核果を結ぶ。葉からコカインを製する。南米では、コカ原料としてコカノキを栽培する。

ハシシュ：アラビア語でアサ（麻）の穂葉に含まれる幻想物資。アサから製した麻薬で、栽培種の花序や葉から採取したものをガンジャ、野生の花序や葉から採取したものをマリファナといい、雌株の花序と上部の葉から分泌される樹脂を粉にしたものをハシシュという。総称して大麻といい、喫煙して幻想を味わう。

コカイン：アヘンに含まれるアルカロイド。

モルヒネ：オランダ語でアヘンに含まれるアルカロイド。アヘンが主成分で、含有率は一〇パーセント。無色の結晶で、水に速やかに溶解し、痛覚だけを容易に抑制し、麻酔剤として使用する。

ヘロイン（ジアセチルモルヒネ）：アヘンから加工され、鎮静作用はモルヒネの四～八倍に達する。麻薬麻酔作用を有し、常用すると習慣性になり、中毒症状を起こす物質の総称。アヘンモルヒネコカインなどの類。

アヘンの規制は、中国でのアヘン吸飲の拡大、それに伴う英国の大量持ち込み、その結果としてのアヘン戦争以後、国際的にはっきりした取り組みがなされてきており、国際阿片会議が開催され、一連の麻薬規制国際条約が締結され、国内規制も強化され実施されてきているが、麻薬の使用は、依然、多くのレベルでみられる。また、その不正生産工作には、フランスや米国（ＣＩＡ中央情報局）も関与してきており、ラオスでのモン人工作など、特に戦略作戦としてなされてきたが、現在、国際組織と人民あげて、その麻薬の撲滅と不正使用の規制弾圧に取り組んでいる。そうした経過の一端は、付属として、麻薬問題への取り組みにつき「麻薬問題の動向」を概述し、併せて「麻薬関連年表」とともに「麻薬関連の文献」を付しておいた。

本書の主題と内容は、現代国際関係の一側面を解明するとともに、世界政治を鳥瞰するうえで、地政学的考察の一素材として注目されるところである。本書が読者の幅広い理解と判断の一助となれば幸いである。

本書は、版権取得の上で、当初予定した出版社から三和書籍に移り、翻訳家の小野あつ子さんの全面的協力により刊行されることになった。関係者のご理解とご協力に対し特に記して謝意を表する。

二〇〇一年九月

浦野　起央

麻薬関連の文献

野波静雄『国際阿片問題』平凡社、一九二五年。

外務省條約局第三課編『アヘンニ關スル條約及決議集』外務省條約局第三課、一九二七年。

蒲池西治・他『阿片問題の研究』国際聯盟協会、一九二八年。

外務省條約局編『各國ニ於ケル阿片取締状況』外務省條約局、一九二九年。

『麻薬製造國會議報告』外務省條約局第三課、一九三一年。

『国際聯盟ニ提出ノ一九三〇年度阿片年報』外務省条約局、一九三二年。

滿鐵經濟調査會第五部編『朝鮮阿片麻薬制度調査報告』大連南滿洲鐵道經濟調査會第五部、一九三二年。

『国際聯盟ニ提出ノ一九三一年度阿片年報』外務省条約局、一九三三年。

『国際聯盟ニ提出セル一九三三年度阿片年報』外務省条約局、一九三四年。

『鴉片及麻薬関係法令集』新京背ン専賣總局、一九三八年。

楳本捨三『麻薬戦争』学風書院、一九五六年。

興亜院政務部『国民政府時代の阿片根本政策と法規の変遷』興亜院調査月報、第一巻第一一号、一九四〇年
鳥場虎『阿片東漸次史』新京、満州事情案内所、一九四二年。

小西茂・中村勝次『下関を中心とする集団麻薬事犯の全貌』法教研修所、一九五五年。

R・L・G・デヴェテル、村石利夫訳『中共の麻薬政策』国際文化研究所、一九五五年。

新村容子『清末四川省におけるアヘン商品生産』東洋学報、第四〇巻第三・四号、一九五七年。

島岡再『麻薬取締りに関する国際協力』＜一＞外務省調査月報、第二巻第三・四号、一九六一年。

厚生省薬務局編・『国連アジア麻薬協議会』厚生省薬務局、一九六四年。

『ヘロイン―白い鎖』神奈川新聞社、一九六四年。

村上尚文『諸外国の麻薬事犯の処理ならびに科刑の事情』法教総合研究所、一九六三年。

牛丸義留『新麻薬取締法解説』日本公定書協会、一九六三年。

警察庁保安局保安課編『東南アジア諸国における麻薬・密輸取締りの概況―一九六七年度東南アジア麻薬・密輸取締りセミナーより』警察庁保安局保安課、一九六七年。

アメリカ合衆国刑事司法の運営に関する大統領諮問委員会、法務省法務総合研究所訳『自由社会における犯罪の挑戦』法務省法務総合研究所、一九六八年。

二反長半『戦争と日本阿片史』すばる書房、一九七七年。

竹田遼『黄金の三角地帯――ゴールデン・トライアングル』文遊社、一九七七年、めこん、一九七七年。

鄭仁和『幻のアヘン軍団――黄金の三角地帯にその影を追う』朝日ソノラマ、一九七七年。

落合信彦『北京より愛をこめて――中国大陸、恐怖の麻薬戦略』サンケイ出版、一九七八年。

角川春樹『黄金の軍隊――ゴールデン・トライアングルのサムライたち』プレジデント社、一九七八年。

最高裁判所事務総局編『麻薬・覚せい剤等刑事裁判例集』法曹界、一九七九年。

千田夏光『皇軍〝阿片〟謀略』汐文社、一九八〇年。

恩田貢『暴かれた麻薬戦争――世界を蝕む白い兵器』山手書房、一九八二年。

森枝卓士「〝麻薬王〟クンサーと『新』アヘン戦争」現代の眼、一九八二年六月号。

劉明修『台湾統治と阿片問題』山川出版社、一九八三年。

E・トーポリ、F・ニェズナンスキイ、原卓也訳『消えたクレムリン記者――赤い麻薬組織の罠』中央公論社、一九八三年。

ブライアン・フリーマントル、新庄哲夫訳『FIX――世界麻薬コネクション――』新潮社、一九八五年。

氷川秀男「アメリカの麻薬取引と不正利益送金犯罪」国際金融、一九八五年九月号。

岡田芳政・他編『阿片問題』現代史資料・続一二、みすず書房、一九八六年。

小田昭太郎『クンサー――この麻薬王と知ってはならない黒い世界』情報センター出版局、一九八七年。

名越健郎『メコンのほとりで　裏面史に生きた人々』中央公論社、一九八七年。

竹山博英『マフィア――シチリアの名誉ある社会』朝日新聞社、一九八八年。

竹山博英『麻薬――第四の戦略物資』かや書房、一九八八年。

藤澤房俊『シチリア・マフィアの世界』中央公論社、一九八八年。

松本利秋『麻薬――第四の戦略物質』かや書房、一九八八年。

栗本慎一郎『法の象徴的機能と強制の限界――アメリカの「麻薬」問題をめぐって』法学論叢〔明治大学〕、第六〇巻第四・五号、一九八八年。

米国務省国際麻薬問題局『国際麻薬取締戦略報告書――各国の努力で麻薬撲滅作戦を展開』世界週報、一九八八年三月一日号。

柘植久慶『麻薬ロードをゆく――武器なき戦場――悲しき第三の戦略物質』徳間書店、一九八九年。

柘植久慶『麻薬汚染』立風書房、一九九〇年。

柘植久慶『コカイン帝国潜入記』飛鳥新社、一九九〇年。

麻薬・覚せい剤乱用防止センター編『麻薬及び向精神薬取締法関係法令集』第一法規、一九九〇年。

藤田博司『「麻薬戦争」――ブッシュ政権と内外政策』国際問題、一九九〇年二月号。

グスタボ・アンドラーデ『麻薬戦争に揺れるコロンビアの現状報告』イベロアメリカ研究、第一一巻第二号、一九八九年。

上田正文『諸外国におけるマネー・ローンダリング規制の概要』上・下、警察学論集、第四三巻第四号、第五号、一九九〇年。

瀧澤建也『麻薬犯罪組織とマネーローンダリング』上・中・下、警察学論集、第四三巻第七号、第八号、第九号、一九九〇年。

堀坂浩太郎『麻薬戦争――米・ラテナメリカ関係の新側面』ソフィア、第三九巻第二号、一九九〇年。

古田佑紀『マネーローダリングの犯罪化――麻薬新条約における薬物事犯への新たな対応』法の支配、第八三号、一九九〇年。

ケイ・ウルフ、シビル・テイラー、小泉摩耶訳『麻薬帝国　コロンビアの虐殺　女マフィアが語る『麻薬戦争』戦慄の内幕』徳間書店、一九九一年。

竹山博英『マフィア　その神話と現実』講談社、一九九一年。

ロジャー・ワイス、スティーブン・ミリン、和田清、他訳『コカイン』星和書店、一九九一年。

森田昭和助『麻薬の恐怖――その歴史・各国の現状から実例まで』健友館、一九九一年。

松隈清『麻薬と国際法』社会文化研究所紀要、第二八号、一九九一年。

ガイ・グリオッタ、ジェフ・リーン、藤井留美訳『キングズ・オブ・コカイン　コロンビア・メデジン・カルテルの全貌』上・下、草思社、一九九二年。

玉川淳『マネー・ローダリングの処罰と不法利益のはく奪』時の法令、第一四三二号、一九九二年。

中野勝一『パキスタンの麻薬問題――ヘロインの蔓延』アジア経済、第三三巻第一二号、一九九二年。

『不正薬物・鉄砲の密輸入事犯の動向――「白い粉・黒い武器」レポート』大蔵省関税局監視課、一九九三年。

ロバート・E・ボウィス、正慶孝監訳『不正資金洗浄（マネーロンダリング）』上・下、西村書店、一九九三年。

家田荘子『ザ・麻薬』光文社、一九九三年。

大田義春『世界の薬物問題の現状』警察学論集、第四六巻第一一号、一九九三年。

山本幹雄『大奴隷主・麻薬（タバコ）紳士ジェファソン――アメリカ史の原風景』阿吽社、一九九四年。

ディヴィッド・ボアズ、樋口幸子訳『ドラッグ全面解禁論』第三書館、一九九四年。

宮西照夫・清水義治『古代文化と幻覚剤――神々との饗宴』川島書店、一九九五年。

佐藤幸男『麻薬の政治経済学』世界、一九九四年一月号。

青山利勝『ラオス　インドシナ緩衝国家の肖像』中央公論社、一九九五年。

法務省総合研究所編『薬物犯罪の現状と対策』法務省総合研究所、一九九五年。

平沢一郎『麻薬・安楽死の最前線――挑戦するオランダ』東京書籍、一九九六年。

朴甲東『北朝鮮　悪魔の祖国』ＫＫベストセラーズ、一九九六年。

石井陽一『麻薬戦争――南北アメリカの病理』創樹社、一九九六年。

柘植久慶『麻薬戦争地図』中央公論社、一九九六年。

ジェームズ・E・ノバク『アフガニスタン社会――アフガンが最大の麻薬国になった』世界週報、一九九六年三月六日号。

船戸与一『国家と犯罪』小学館、一九九七年。

田代更生『北朝鮮諜報部隊』ひらく、一九九七年。

サルヴァトーレ・ルーポ、北村暁夫訳『マフィアの歴史』白水社、一九九七年。

「コロンビア　麻薬まぎれの大統領」Newsweek, 一九九七年一〇月二二日号。

ブライアン・フリーマントル、新庄哲夫訳『ユーロマフィア』新潮社、一九九八年。

安明進、金燦訳『北朝鮮拉致工作員』徳間書店、一九九八年。

鈴木康久『メキシコにおける麻薬問題』ラテン・アメリカ時報、一九九八年六月号。

バントゥロンディエム、竹田史郎訳『ベトナムにおける麻薬問題の現状と対策』警察公論、一九九八年一〇月号。

新井利男・藤原彰編『侵略の証言　中国における日本人戦犯自筆供述書』岩波書店、一九九九年。

竹内正右、『モンの悲劇――暴かれた『ケネディーの戦争』の罪』毎日新聞社、一九九九年。

後藤春美『初期国際連盟と阿片麻薬問題――日英両国の取り組みを中心に――』国際政治、第一二二号、一九九九年。

アレキサンダー・スティル、松浦秀明訳『シチリア・マフィア　華麗なる殺人』毎日新聞社、一九九九年。

デビッド・E・カプラン、松浦秀明訳『国を挙げて偽札造りに走る北朝鮮』動向、一九九九年六月号。

ジュセッペ・アヤーラ、フェリーチェ・カヴァッラーロ、竹山博英訳『マフィアとの死闘――生き残った検事の手記』日本放送出版協会、二〇〇〇年。

L・グリーンスプーン、J・B・バカラー、杵渕幸子・妙木浩之訳『サイケデリック・ドラッグ――向精神物質の科学と文化』工作舎、二〇〇〇年。

中華人民共和国国務院新聞弁公室『中国の麻薬取締り』北京週報（日本語版）、二〇〇〇年七月一一日号。

Henry Charles Sirr, *China and the Chinese: Their Religion, Character, Customs, and Manufactures: The Evils arising from the Opium Trade*, London: Wm. S. Orr, 1849.

Westel Woodbury Willoughby, *Opium as an International Problem: The Geneva Conference*, Baltimore: Johns Hopkins Press, 1925, New York: Arno Press, 1976.

R. Y. Lo, *The Opium Problem in the Far East*, Shanghai: Commercial Press, 1933.

David Edward Owen, *British Opium Policy in China and India*, NewHaven: Yale U. P., 1934, Hamden: Archon Books, 1968.

McCoy Alfred, *La poliique de l'héroïne en Asia du Sud-Est*, Paris: Flammarion,1972. 堀たお子訳『ヘロイン——東南アジアの麻薬政治学』上下、サイマル出版会、一九七四年。

Jaubert Alain, *D comme Drogue*, Paris: Éditions Alain Moreau, 1973.

Del. Wilmington, *The Opium Trade, 1910-1941*, 6 Vols., London: Public Office Office, 1927-1941, Scholarly Resources, 1974.

Frederick T. Merrill, *Japan and the Opium Menace*, New York: International Secretariat, Institute of Pacific Relations, 1942, New York: Arno Press, 1981.

Hsin-pao Chang, *Commissioner Lin and the Opium War*, Cambridge: Harvard U. P., 1964, New York: W. W. Norton, 1970.

Correspondence, Returns, Orders in Council and other Papers respecting the Opium War and Opium Trade in China, 1840-85, Shannon: Irish U. P.,1971.

The politics of heroin in Southeast Asia / Alfred W. McCoy, with Cathleen B.Read and Leonard P Adams II,New York :Harper & Row,1972.

Yuan Wei, translation by E. H. Parker, *Chinese Account of the Opium War*, Wilmington: Scholarly Resources,1972.

Victor Lebow, *"Free Enterprise ": The Opium of the American People*, New York: Oriole Editions,1972 .

Horace Freeland Judson, *Heroin Addiction in Britain*, New York: Harcourt Brace Jovanovich,1973.

Del Olmo Rosa, *La sociopolítica de las drogas*, Caracas: FACES/UCV,1975.

Henmann Anthony, *Mama Coca*, Bogota: La Oveja Negra, 1978.

Arnord S. Trebach, *The Heroin Solution*, New Haven: Yale U. P., 1982.

Ivan Fallon & James Srodes, *De Lorean*: The Rise and Fall of a Dream Marker, London: Hamish Hamilton,1983.

Andre & Louis Boucaud, *Burma's Golden Triangle*: On the Trail of the Opium War rords, Paris,1985 , Bangkok: Asian Books, 1992.

Boucaud André et Louis , *Birmanie, sur la piste des seigneurs de la guerre*, Paris: L'Harmattan, 1985.

Samuel Yochelson & Stanton E. Samenow, *The drug user*: documents 1840-1960, Northvale, N.J. : J. Aronson, 1986.高城恭子・飛田妙子、下園淳子訳『ドラッグ　ユーザー』青弓社、一九九五年。

Kwitny Jonathan, *The Crimes of Patriots*, New York, : Simon & Schuster,1987 .

Molano Alfredo, *Selva, Adentro*, Bogota: El Ancora Editores, 1987.

Lema Ana Maria, *Production et Circulation de la Coca en Bolivie (1780-1840), these de doctorat*, Paris: HESS, 1988.

Lifschultz Laurence, *"Dangerous Liaison",* the CIA-ISI Connection," Newsline, November 1989.

Lintner Bertil, *The Rise and Fall of the Communist Party of Burma (CPB),* Ithaca: Cornell U. P.,1990 .

John Dinges, *Our Man in Panama: How General Noriega Used the United States and Made Millions in Drugs and Arms*, New York: Rando m House,1990 .

James R. Rush, *Opium to Java: Revenue Farming and Chinese Enterprise in Colonial Indonesia*,1860-1910,Ithaca: Cornell U. P., 1990.

William O. Walker,*Opium and Foreign Policy: The Anglo-American Search for Order in Asia,1912-1954*, Chapel Hill: Univ. of North Carolina Press,1991.

Alfred W.McCoy, *The politics of heroin : CIA complicity in the global drug trade*/Brooklyn, N.Y. :Lawrence Hill Books, 1991.

Ruffin Jean-Christophe, *L'empire et les nouveaux barbares*, Paris: Jean-Claude Lattes, 1991.

Fottorino Eric, *Lapiste blanche. L'Afrique sous l'emprise de la drogue*, Paris: Balland, 1991.

Choiseul Praslin (de) Charles-Henri, *La drogue, une economie dynamisée par la répression*, Paris: Presses du CNRS,1991.

Abrousse Alain, La Drogue, *l'Argent et les Armes*, Paris: Éd. Fayard,1991.

Brouet Olivier, *Drogues et Relations Internationales*, Bruxelles: Editons Complexe,1991.

Michael L. Conniff, *Panama and the United States*: The Forced Alliance, Athens: The Univ. of Georgia Press,1992.

Bourdes Philippe, *Enquête aux Frontiéres de la Loi*, Paris: Robert Laffort,1992.

James M˙ Polachek, *The Inner Opium War*, Cambridge: Council on East Asian Studies, HarvardUniv˙ ,1992.

Robert E. Powis, *The Momey Launderers: Lessons from The Drug Wars—— How Billions of Illegal Dollars are Washed through Banks & Businesses*, Chicago: Probus Publishing Co.,1993. 正慶孝監訳『不正資金洗浄（マネーロンダリング）』上・下、西村書店、一九九三年。

John Simpson, *In the Forests of the Night: Encounters in Peru with Terrorism, Drug Running and Military Oppression*, London: Hutchison,1993 .

Labrousse Alan & Wallon, *La Plamete des Drogues*, Paris ： Editions du Seuil,1993.

Calvi Fabrizio, *L'Europe des parrains, la Mafia à l'assaut de l'Europe*, Paris: Grasset,1993.

Thoumi, Francisco, *Economía política y narcotràfico*, Bogota: TM Editores,1994.

Lintner Bertil, *Burma in Revolt, Opium and Insurgency since 1948*, Bangkok: White Lotus, 1994.

Kochko Dimitri(de), Datskevitch Alexandre, *L'empire de la drogue. La Russie et ses Marches*, Paris: Hachette/Pluriel,1994.

Betancourt Dario & Garcia L. Martha,*Contrabandistas, Marimberos y Mafios: Historia Social de la Mafia Colombiana*, Bogota: TM Editores,1994.

Bertil Linter, *Burma in Revolt: Opium and Insurgency since 1948*, Boulder: Westview Press,1994.

Alexander Stille, *Excellent Cadavers: The Mafia and the Death of the First Italian Republic*, New York: Pantheon Books,1995.

Koutouzis Michel, "Drogues à l'Est: logique de guerres et de marché," *Politique étrangè re* No.1 1995.

OGO, *Géopolitique des Drogues 1995*, Paris: La Decouverte,1995.

OGD(coord. Koutouzis Michel, cartographie Perez Pascale), *Atlas mondial des drogues*, Paris: PUF, 1996.

Alain Labrousse & Michel Koutouzis, Géopolitique et *Géostratégies* des Drogues, Paris: Ecomica, 1996.

Martin Booth, *Opium: A History*, London: Simon & Schuster,1996, New York: St. Martin's Griffin,1997. 田中昌太郎訳『阿片』中央公論社、一九九八年。任華梨訳『阿片史』海口、海南出版社、一九九九年。

John M. Jennings, *The Opium Empire: Japanese Imperialism and Drug Trafficking in Asia, 1985——* 1984, Westport: Prager, 1997.

陳奇鹿『英国対華貿易』上海、上海商務印書館、一九三〇年。

于恩徳『中国禁火因法令変遷史』上海、上海中華書局、一九三四年。

陶亢徳編『鴉片之今昔』上海、上海宇宙風社、一九三七年.

紹渓『十九世紀美国対華鴉片侵略』北京、三聯書店、一九五二年。

中国史学会編『鴉片戦争』上海、上海人民出版社、六巻、一九五七年。

莱特『中国関税沿革史』北京、三聯書店、一九五八年。

牟安世『鴉片戦争』上海、上海人民出版社、一九八二年。

女兆薇元『鴉片戦争史実考』北京、人民出版社、一九八四年.

蔡小洪『世界毒品之戦』北京、昆論出版社、一九八八年

田中正俊・他『外国学者論鴉片戦争与林則徐』福建人民出版社、一九八九年。

劉水明・楊甦『八〇年代外国政治謀殺案紀実』北京、世界知識出版社、一九九一年。

斎錫生『中国的軍閥統治』北京、中国人民大学出版社、一九九一年。

張兵・趙勇民『中緬剿匪秘聞　一九六〇-一九六一金三角作戦紀実』済南、黄河出版社、一九九二年。

喩曉東・李雲東編『大禁毒』北京、団結出版社、一九九三年。

『上海灘黒幕』北京、団結出版社、一九九五年。

上海市禁毒工作領導小組弁公室・上海市档案館編『清末民初的禁烟運動和万国禁烟会』上海、上海科学技術文献出版社、一九九六年。

王宏斌『禁毒史鑿』長沙、岳麓書社、一九九七年。

蘇智良『中国毒品史』上海、上海人民出版社、一九九七年。

陳淑庄『世界毒品大戦』北京、法律出版社、一九九八年。

伍心銘編『黒档案』上・下、北京、金城出版社、一九九八年。

王勛編『白色恐怖——中国禁毒報告』北京、中国社会出版社、一九九八年。

高偉編『中国向毒品宣戦』済南、済南出版社、一九九八年。

凌夫編『中外黒社会掲秘』北京、金城出版社、上・中・下、一九九八年。

姜士林・他編『懲治国家首脳貧汚紀事（世界反貧大案系列）』青島、青島出版社、一九九九年。

Bangkok Post, Dec. 8, 1982.

毎日新聞、一九九四年一〇月二九日夕刊、一〇月二八日付タス通信記事。

朝日新聞、一九九七年一一月八日「国際事件簿　トルコ——ススルック事件」。

麻薬関連年表

1729	中国，アヘン輸入200箱
1729	中国，アヘン禁止例令
1773	英東インド会社からの中国へアヘン輸出激増，1000箱，1834/4/までに21885箱
1796	中国、鴉片禁止令
1809	ペルー，独立戦争でコカが争点化
1800	中国、アヘンの広東への流入禁止
1811	ドイツ人化学者F. W. A. シェルテイルナー，アヘン分離に成功，白色純品モルフィン抽出
1834	4/22 東インド会社と中国との貿易交渉妥結，英国が管理権
1839	タイ，阿片禁止令
1839	1/7 中国，両広総督登廷棹，アヘン吸飲を禁止 1/16 中国，広西・四川・雲南・貴州でケシ栽培禁止 3/18 中国，林則徐が国内外国商人所有のアヘン引渡しを要求，3/24 廣州商館を包囲，3/28エリオット，イギリス商人所有のアヘン2万283箱引渡しの通告，5/2 中国，欽差大臣林則徐が広州商館包囲を解除，5/24エリオット，広州を退去，8/23マカオから香港に移動 6/3＝25 中国，林則徐がアヘン廃棄，6/15査禁鴉片章程制定 8/15 澳門，アヘン取引禁止でイギリス人退去 8/ 英国，アヘン販売開催会議 9/4 中国･英国，アヘンで軍事衝突，11/3 中国へ英船が広州軍艦砲撃，11/26 中国、林則除，12/6以降の英貨物停止を布告，1940/1/5永久停止
1840	6/4 中国広東水師提督，磨刀洋の英船襲撃，6/28 第1次鴉片戦争（～1842/8/29）,
1843	7/22 中国，英国と五港通商章程成立，10/ 英国，清国に対する阿片輸出を合法化，1849年輸入53075箱，1852年59600箱，1855年78354箱，1858年74966箱
1856	10/8 中国、アロー号事件 10/16 日本･オランダ条約に日本へのアヘン流入禁止を明記 10/23 第2次鴉片戦争（～1858/6/27）
1857	10/24日本･ロシア条約に日本へのアヘン流入禁止を明記
1858	10/9英国，清国に対する阿片輸出を合法化
1860	9/7 イタリア，統一の闘士ガリバルディのナポリ無血入城，第1次ナポリ･カモッラ戦争でカモッラ解体
1868	6/9 日本，太政官布告でアヘン煙草の売買･吸飲禁止
1870	8/9 日本，販売鴉片烟律･生アヘン取扱規則布告
1877	3/22 駐英中国公使ら，清皇帝にアヘン禁止を奏上
1878	8/21 日本，薬用アヘン売買･製造規則公布
1897	3/30 日本，阿片法公布
1900	中国，無錫に戒烟局成立
1904	中国，福州商会が禁烟団体を組織，商人以外に民衆も参加

1906	9/ 中国，上諭で阿片禁令を強化
	10/ 米国，フィリピン全土に阿片禁止令公布
	11/30 中国，禁烟章程公布
1907	イタリア，麻薬組織カモッラの弾圧・
	1/ 中国，支那アヘンで公開書簡を英国に送付，英国の反阿片協会が支持，中国・英国阿片協定調
1908	10/ 中国，アヘン禁止令強化
1909	2/1 上海で国際阿片会議開催（～2/26），2/26 国際阿片会議決議採択
1910	中国，アヘン禁止令
1911	12/1 ハーグ国際阿片会議（～1912/1/23），1912/1/23阿片条約調印
1912	3/6 中国，孫文臨時大総統がアヘン禁止令
	5/ 中国，禁烟規則制定・公布
	6/11 中国，アヘン禁止通達
	9/2 国，水上警察が英船上のアヘン摘発
	12/31 中国，アヘン禁止令の徹底化
1913	2/～/4 中国，警察庁がアヘン取締り強化
	2/ 中国，北京で全国禁烟会議開催
	7/ 第２回国際阿片会議
1914	6/ 第３回国際阿片会議，国際アヘン条約成立
1916	/～1924/中国，７省でアヘン戦争
1917	1/ 英国，1907/1/中英禁烟条約で中国へのアヘン輸出全面停止
1919	2/14天津の英系ノース・チャインサ・ヘラルド紙に「日本人の阿片密輸入の非難」記事
1920	/12/16 日本，モルヒネ・コカイン取締令
1921	国際連盟阿片諮問委員会設置
1922	アヘン禁止条約調印
1923	5/ 英国，議会の要請で第５回阿片諮問委員会に麻薬取引の審議要請
1924	中国，四川軍閥劉成がアヘン栽培条例制定，全省収入4000～5000万元
1924	11/3 ジュネーブで国際阿片会議開催（～1925/2/19），1925/2/11・ジュネーブ第一阿片条約採択，2/19 ジュネーブ第２阿片条約採択
12/26	英国，阿片政策内閣委員会開催
1925	9/ イタリア，ムッソリーニのファシズム支配でカモッラ弾圧
1926	中国，全省でアヘン生産，生産高6000余万両
1926	2/27 イタリア，マフィア掃討作戦で第２次ナポリ・カモッラ戦争（～1928/）
1927	中国，アヘン生産高が激増，東南アジアに密輸
1928	7/18 中国国民政府，禁烟委員会組織条例公布，全国禁烟運動を展開（～1929/6/）
1929	3/ 国際連盟，極東阿片問題を調査
	6/ 中国、禁烟法公布，1930/実施細則公布

	9/3 日本，コカ栽培取締令公布
1930	5/19 日本，麻薬取締規則制定
1931	7/13 麻酔薬品製造販売規制条約調印
11/27	阿片吸食防止に関するバンコク協定調印
1933	2/23 日本関東軍，阿片産地の熱河省に侵攻，阿片生産に関与
1934	2/19 中国，蒋介石政権が新生活運動の南昌集会で禁烟·禁賭·禁娼提唱
1935	3/19中国，禁母煙実施弁法公布
1936	6/26 危険品の不正取引防止ジュネーブ条約調印
1940	日本軍，阿片麻薬禁断政策要綱を決定
1943	4/ 日本大陸地域関係者の阿片会議開催（東京）
1945	11/20 日本，モルヒネ製剤の所有禁止·没収令公布
1946	ラオス，フランスがモンによる阿片生産に関与
	イタリア，ファシスト政府の崩壊でカモッラ復活
	2/16 国連麻薬委員会創設
	12/11 麻薬協定·条約·議定書改訂のレークサクセス議定書調印
1947	タイ，東北部で政府が阿片生産を奨励
	4/23 日本，大麻取締令公布
1948	4/ 南ベトナム，フランス情報部がビエンスエン教団と交渉して阿片流通に関与
	7/10 日本，大麻取締法公布

1950	2/24中国，鴉片毒品禁止令公布
1951	5/23 フランス，マルセイユでヘロイン秘密工場の摘発·
	6/30 日本，覚せい剤取締法制定
1952	3/18 フランス，マルセイユでヘロイン秘密工場の摘発·
	4/15 中国，毒品流行粛清指示発出·
	8/16～26 中国，北京で禁烟運動強化
	8/23 中国，西安でアヘン禁毒宣判決大会開催，15万人参加
	9/ 中国，南京で全市の登記毒販総数83％に中止措置
1953	3/17 日本，麻薬取締法公布
	6/23 ケシ栽培·アヘン生産·国際取引·卸取引·使用制限取締りニューヨーク議定書調印
1954	4/ 南ベトナム，ビエンスエン教団軍司令官ライ·バン·サイ，ベトナム警視総監としてアヘン流通を支配
1955	4/28～29 南ベトナム，ビエンスエン教団とベトナム共和国軍が衝突，5/28 共和国軍がアヘン流通支配を確立
1961	米国，ラオスのロンチェン基地建設（アヘン関与）
1961	1/ ビルマ，旧中国国民党軍がシャン州に基地建設，黄金三角地帯の阿片流通を支配
	3/30 麻薬単一国連条約·最終議定書採択，国際麻酔品管理局成立
1964	5/ 米国，パテト·ラオのアヘ

	ン支配に関与
1967	ラオス，CIA・がロンチェン基地からビエンチャンへのアヘンの運搬支援に着手
1968	ペルー，農民がコカ栽培に従事
1969	12/ 黄金三角地帯にアヘン精製所建設
1970	6/22 南ベトナム軍，支配者によるアヘン関与終了
1971	6/ ニクソン米大統領， 麻薬根絶作戦の発動， 米国のラオス・アヘン工作も停止
1972	3/25 麻薬単一条約改正議定書調印
1976	9/ ビルマ，麻薬撲滅5カ年計画に着
10/15	コペンハーゲンの北朝鮮大使館員全員に対し密輸·密売罪で国外追放処分
1978	イタリア，第3次ナポリ·カモッラ戦争（～1983/）
1979	12/18 ビルマ，麻薬制圧のヌガエバン作戦（～1980/1/10）
1980	6/ ボリビア，総選挙でガルシア将軍が政権奪回，/6/米国，ガルスアの麻薬関与で駐ラパス大使を引き揚げ，軍事·経済援助を停止，1981/8/4ガルシア政権が倒壊，1982/10/民政移管
1981	5/ブルガリア，ソフィアでローマ教皇狙撃事件（麻薬マフィア関与），11/ 米国，大マイアミ商工会議所支援の反麻薬組織，犯罪に抵抗する市民たち発足、ホワイトハウスに麻薬の取締りを要請
1982	1/15 シッティ·タイ外相，アヘン対策でビルマ訪問 1/21 米国，FBIが麻薬取締りに着手 1/ タイ軍，黄金三角地帯のクン·サー軍に大規模攻撃，/5/9タイ軍，鎮圧作戦(～5/18) 7/ ブルガリア，駐ブルガリア米大使が麻薬市場を告発 12/7 タイ政府，ケシ栽培問題の解決策を決定 12/ タイ軍，国境地帯のクン·サー軍阿片施設を破壊
1983	5/17 インド政府，麻薬工作でインド駐在北朝鮮大使館商務官を拘留，/6/10同商務官を国外追放 10/ バハマ，ビンドソング首相，麻薬分子の関与を告発
1984	パナマのノリエガ将軍とメデジン·カルテルの対立でキューバ政府が仲裁
1984	ペルー，ゲリラ組織センデル·ルミソノ（輝く道）がコカイン生産に関与 1/ ナイジェリア，ラゴス空港で麻薬密売容疑者を摘発（～101）
1984	4/ コロンビア，ララ法相をメデジン·カルテルが暗殺 8/16ペルー，軍が反政府ゲリラ、センデル·ルミソノ（輝く道）とコカイン取引で合意
1985	2/ メキシコ，グアダラハラ駐在米麻薬取締官の誘拐·殺害，8/ ボリビア，麻薬制圧作戦でコカイン精製工場の摘発（～1986/11）

	9/ 米国，メキシコに麻薬製造·密売取締りを要請
1986	2/7 ハイチ，デュバリエ大統領が米国提供の空軍機で国外へ脱出，1987/3/ 新憲法制定，11/ 大統領選挙は，流血事件で中止，11/ 米国，ハイチ援助を凍結，1989/ 米国，麻薬対策を条件に援助再開
	11/ ボリビア，麻薬制圧作戦の米軍引き揚げ，政府3軍による麻薬撲滅のための新機関設立
	12/14 パキスタン，カラチでパシュトゥン人とムハジール人の麻薬支配衝突
1987	2/ コロンビア，米国が手配中の麻薬王カルロス·レデル逮捕，米国に引き渡し
	7/ ボリビア，コカイン工場壊滅作戦（～10/）
	12/16 シチリア，パレルモ特別法廷，マフィア幹部19人に終身刑の判決
	12/17 シチリア，マフィアによる連続報復殺害（～1988/1/16）
	12/5 中国，雲南で麻薬グループ摘発
1988	イタリア，カモッラ幹部の処刑
	1/16 イタリア，シチリア·パレルモで2000人のマフィアへの抗議集会
	2/4 米国，マイアミとタンパの両大陪審，パナマ軍支配者ノリエガを麻薬密輸で告訴
	2/25 パナマ，デルバイエ大統領がノリエガ軍司令官解任，米国，パナマに対し経済封鎖を宣言，2/26 議会がデルバイエ大統領罷免決議を採択，ラテンアメリカ5カ国はこれに抗議の大使召還
	2/26 カルタヘナ外相会議がノリエガ事件でパナマの資格停止を決議，キューバとニカラグアはノリエガを支持
	2/28 パナマ，ノリエガ退陣を求めるデモ·ゼネスト（～3/）
	3/3 米国，パナマに在米資産移転停止を通告，3/14 パナマ運河使用料支払い停止等の経済制裁発動
	3/18パナマ全土に非常事態宣言
	12/20 麻薬·向精神薬不正取引防止条約採択
1989	2/ アフガニスタン，内戦への米国干渉停止でケシ栽培促進
	5/7 パナマ，大統領選挙でノリエガ派の国民連合ドゥケと野党系·親米派の市民野党連合のギジェルモ·エンダラがそれぞれ勝利宣言，5/9 ブッシュ米大統領，エンダラ支持
	6/ キューバ，アルナルド·オチョア将軍ら14人が麻薬組織メデジン·カルテルへの麻薬取引関与で逮捕
	8/18 コロンビア，与党自由党ガラン上院議員を麻薬組織メデジン·カルテルが暗殺，8/24 メデジン·カルテルが全面戦争宣言
	8/27 コロンビア，麻薬戦争

	（～1990/）
	8/31 パナマ，ロドリゲス暫定政権成立，9/1 米国，ロドリゲス政権不支持
	11/27 コロンビア，メデジン・カルテルがサンタフェデボゴタ行き国内航空機爆破
	12/6 コロンビア，メデジン・カルテルがサンタフェデボゴタの麻薬治安取締まり本部を爆破
	12/12　中国，四川省成都で70万人民元の麻薬取引を鎮圧
1989	12/19 麻薬薬品・精神薬物の非合法販売禁止国連条約調印（1990/11/11発効）
1990	麻薬地政学監視機関・OGD創設
	1/ 米空母がコロンビア領海に展開，麻薬対策で圧力行使
	1/1 コロンビア，ビルヒリオ・バルコ大統領，麻薬戦争の継続を宣言
	1/3 パナマ，ノリエガが米国に投降，1/4 米国，パナマ経済制裁解除
	1/17 コロンビア，麻薬組織メデジン・カルテルが政府の勝利を認める
	2/20～23 国連麻薬特別会議開催，1991＝2000年麻薬根絶の政治宣言・地球行動計画採択
	6/ 世界保健機構，麻薬毒品乱用禁止計画策定
	12/ 中国，禁毒の決定
1991	2/25 コロンビア（カルタヘナ）で米国・コロンビア・ボリビア・ペルー4カ国麻薬問題首脳会議開催
	3/ 国連薬物統制計画・UNDCO成立
	6/24 中国，全国禁毒工作会議開催（北京）
	10/5 日本，マネー・ローンダリング処罰・不法利益はく奪関係法制定
1992	3/30 中国，雲南省でアヘン摘発
	4/5～10 ペルー，裁判所に持ち込まれた軍関与の麻薬関連文書の3分の1を廃棄処分
	4/9 （ロンドン）反麻薬担当者会議開催
	4/30 李福憲，北朝鮮訪問，ヘロイン持ち込み
	5/23 イタリア，シチリア・パレルモでマフィアを告発した対策責任者ファルコーネの爆殺テロ
	5/30 イタリア，シチリア・パレルモのマフィアによるファルコーネ治安判事爆弾テロに対し，パレルモで市民10万人の抗議デモ
	7/19 イタリア，シチリア・パレルモでボルセリーノ判事殺害
	7/ イタリア，シチリア島へ軍約7000人投入
	7/10 米マイアミ連邦地方裁判所，前パナマ軍支配者ノリエガに禁固40年の判決
	7/19 イタリア，シチリア・パレルモでボルセリーノ判事殺害

	8/ イタリア，マフィア犯罪に対し弾圧措置
	9/30 中国，アヘン鎮圧軍事作戦（～11/18），12/17雲南省作戦報告会開催
	11/ イタリア，マフィア摘発「ヒョウ作戦」，77人逮捕
	12/ 麻薬地政学第１回国際会議開催（パリ）
1993	1/ 李福憲，北朝鮮訪問，麻薬工作に関与
	1/30 コロンビア，首都サンタフェデボゴタでテロ，20人死亡
	2/7 コロンビア，麻薬テロで非常事態宣言延長
	2/15 コロンビア，サンタフェデボゴタで麻薬カルテル・テロ，26人死亡
	3/8～9 コロンビア，治安部隊と麻薬組織の衝突
	4/15 コロンビア，サンタフェデボゴタのショッピング･センターで麻薬カルテルの爆発事件，11人死亡
	4/26 コロンビア人，コロンビア人麻薬犯人強奪のためコスタリカの最高裁判所を襲撃
	4/29 反麻薬担当者会議開催（メキシコシティ）
	5/ メキシコ，グアダハラでオカンボ司教暗殺（麻薬マフィア関与）
	8/5 コロンビア，非常事態宣言終了
	11/ 李福憲，北朝鮮訪問，麻薬工作に関与
	12/2 コロンビア，麻薬制圧作戦メデジンで麻薬密売組織摘発（～1997/）
	12/2 コロンビア，メデジンで麻薬密売組織摘発
	12/16 エクアドル，北部で麻薬撲滅作戦
	3/ ホンジュラス，レイナ大統領の暗殺未遂（麻薬マフィア関与）
1994	4/ 李福憲，北朝鮮訪問，麻薬工作に関与
	4/5 ホンジュラス，レイナ大統領暗殺計画発覚（麻薬陰謀説）
	6/ ロシア，北朝鮮高官の子弟１人を含む２人が政府組織で麻薬密売，ロシア連邦防諜部が逮捕，10/22関係者に対し実刑判決
	10/31 ブラジル，麻薬制圧作戦
	12/ ペルー，麻薬密売人と共謀した軍人100人余を告訴
1995	3/3 コロンビア，麻薬組織カリ・カルテルの最高幹部１人逮捕
	5/27 北京で第１回アジア地域アヘン協力会議開催
	6/ コロンビア，エルネスト・サンペル大統領がカリ・カルテル幹部逮捕命令
	6/11 コロンビア，メデジンで爆弾テロ
	9/27 コロンビアのサンタフェボゴタでサンペル大統領顧問の銃殺テロ
	10/5 米国，コロンビア政府の麻薬関与に抗議して駐コロン

	ビア米大使を召還 12/17 中国，アヘン鎮圧作戦（～1996/1/15）、3/最終の検挙 12/27 コロンビア治安部隊，麻薬カリ・カルテル幹部を銃殺
1996	1/14 メキシコの麻薬組織ガルフ・コカイン・カルテル首領アブレゴ逮捕，1/15アブレゴを国外追放，米国に引渡し 1/27 中国，広州でアヘン取引検挙作戦（～/4/26），6/24深圳人民法院に送検、8/15宣判大会開催 2/14 コロンビア，警察がサンペル大統領を麻薬資金疑惑で告発 3/1 米国，サンペル大統領の麻薬関与でコロンビアに経済制裁 4/ パナマ，駐留米軍が麻薬掃討作戦 7/11 米国，麻薬容疑でサンペル・コロンビア大統領の入国禁止 8/6 コロンビアの麻薬組織カリ・カルテルのロドリゲス逮捕 8/12コロンビア，北部4カ所の麻薬摘発で銃乱射事件 8/16 コロンビア，3カ月間の非常事態宣言 11/25 国連アヘン会議開催（上海） 12/ コロンビア下院，麻薬関与とされるサンペル大統領弾劾を見送り
1997	1/30 コロンビア，左翼ゲリラの麻薬工場摘発 4/9 日本，北朝鮮貨物船ジ・ソン2号，日向市細島港着岸（8/5南浦港出航），4/16下関港で麻薬摘発 11/3 トルコ，ススルルックや各地で反腐敗・麻薬反対の民衆デモ
1998	6/8 中国，第20回国連麻薬委員会でアヘン毒害根絶の共同努力を表明
1999	8/ ボリビア，米国の支援で2000年までのコカ葉耕作面積全廃作戦に着手

浦野起央（うらの　たつお）
昭和30年日本大学法学部卒業　政治学博士
現在　日本大学法学部教授　日本アフリカ学会理事、日本国際政治学会理事、アジア政経学会理事、国際法学会理事歴任、現日本平和学会理事

主要著作
『ベトナム問題の解釈』『続ベトナム問題の解釈』『ベトナム和平の成立－ベトナム問題の解釈第三』（以上外交時報社）『資料体系アジア・アフリカ国際関係政治社会史』『現代における革命と自決』（以上，パピルス出版），『南海諸島国際紛争史』（刀水書房），『パレスチナをめぐる国際政治』『国際関係の再構成』『第三世界の連合政治』『現代国際関係の視点』『国際政治における小国』『アフリカの国際関係』『南アジア・中東の国際関係』『現代紛争論』『国際協調・レジーム・援助』『アジアの国際関係』『新世紀アジアの選択』『日・中・韓の歴史認識』（以上，南窓社），『朝鮮統一の構図と北東アジア』，『国際関係理論史』（以上，勁草書房），『20世紀国際紛争事典』（三省堂），『世界テロ事典』（三和書籍）

主要訳書
クラウス・クノール『国際関係におけるパワーと経済』（時潮社），ダブ・ローネン『自決とはなにか』，ハッサン・ビンタラール『パレスチナの自決』，マイケル・ワトソン編『マイノリティ・ナショナリズムの現在』，張聿法・余起芬編『第二次世界大戦後　戦争全史』（以上，刀水書房）

麻薬と紛争－麻薬の戦略地政学
Géopolitique et Géostratégies des Drogues

2002年　2月　20日　第1版第1刷発行

著者　アラン・ラブルース
ミカエル・コウトゥジス
訳者　浦野起央

発行者　高橋考
発行所　三和書籍
〒112-0013 東京都文京区音羽2-2-2
TEL 03-5395-4630 FAX 03-5395-4632
sanwa@sanwa-co.com
http://www.sanwa-co.com/
印刷所　亜細亜印刷
製本所　高地製本所